Die sieben Todsünden der Fotografie

AF547012

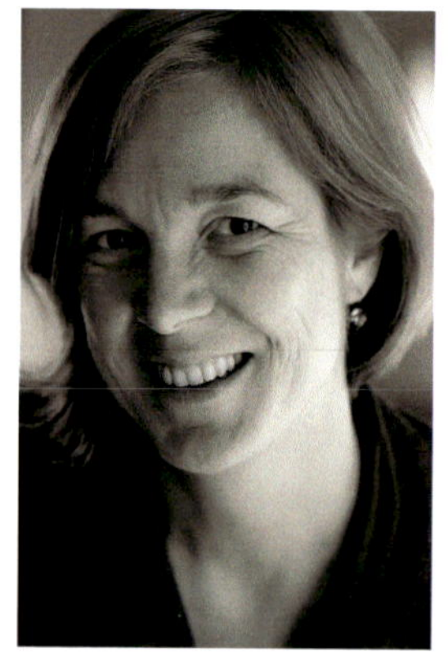

Monika Andrae widmet sich seit Anfang der 90er-Jahre der Fotografie. Als Studentin verbrachte sie viel Zeit in der Dunkelkammer, um die Ergebnisse ihrer Fotostreifzüge in Silber zu dokumentieren. Nach ihrem späten Wechsel in die digitale Fotografie 2005 arbeitete sie einige Jahre ausschließlich in Nullen und Einsen, bis sie sich 2010 wieder in den Film verliebte. Ihr liegt es am Herzen, der immer technischer werdenden Fotowelt etwas weniger Technikverliebtheit entgegenzusetzen. Deshalb versucht sie, mit ihrem Podcast »Monis Motivklingel« die Welt ein Stück kreativer zu machen. Sie produziert noch weitere Podcasts und veranstaltet mit Chris Marquardt Workshops zur analogen Fotografie.

Mehr zu Monika Andraes Podcasts und Projekten finden Sie unter *www.monikaandrae.com.*

Papier plus+ PDF.

Zu diesem Buch – sowie zu vielen weiteren dpunkt.büchern – können Sie auch das entsprechende E-Book im PDF-Format herunterladen. Werden Sie dazu einfach Mitglied bei dpunkt.plus+:

www.dpunkt.plus

Monika Andrae

Die sieben Todsünden der Fotografie

Reflexionen und Wege zu besseren Bildern

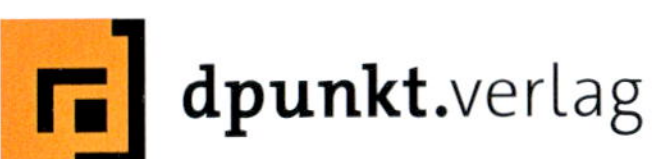

Monika Andrae
www.monikaandrae.com

Lektorat: Boris Karnikowski
Lektoratsassistenz: Stefanie Weidner
Copy-Editing: Petra Kienle, Fürstenfeldbruck
Satz + Layout: Birgit Bäuerlein
Herstellung: Susanne Bröckelmann
Umschlaggestaltung: Umschlaggestaltung: Helmut Kraus, www.exclam.de,
unter Verwendung eines Motivs von
GoneWithTheWind – stock.adobe.com
Druck und Bindung: Grafisches Centrum Cuno GmbH & Co. KG, Calbe (Saale)

Bibliografische Information der Deutschen Nationalbibliothek
Die Deutsche Nationalbibliothek verzeichnet diese Publikation in der Deutschen Nationalbibliografie; detaillierte bibliografische Daten sind im Internet über http://dnb.d-nb.de abrufbar.

ISBN:
Print 978-3-86490-465-3
PDF 978-3-96088-289-3
ePub 978-3-96088-290-9
mobi 978-3-96088-291-6

Copyright © 2017 dpunkt.verlag GmbH
Wieblinger Weg 17
69123 Heidelberg

Die vorliegende Publikation ist urheberrechtlich geschützt. Alle Rechte vorbehalten. Die Verwendung der Texte und Abbildungen, auch auszugsweise, ist ohne die schriftliche Zustimmung des Verlags urheberrechtswidrig und daher strafbar. Dies gilt insbesondere für die Vervielfältigung, Übersetzung oder die Verwendung in elektronischen Systemen.

Alle Angaben und Programme in diesem Buch wurden von den Autoren mit größter Sorgfalt kontrolliert. Weder Autor noch Herausgeber noch Verlag können jedoch für Schäden haftbar gemacht werden, die in Zusammenhang mit der Verwendung dieses Buchs stehen.

In diesem Buch werden eingetragene Warenzeichen, Handelsnamen und Gebrauchsnamen verwendet. Auch wenn diese nicht als solche gekennzeichnet sind, gelten die entsprechenden Schutzbestimmungen.

5 4 3 2 1

Einleitung – Die sieben Todsünden

»Warum?« werden Sie sich fragen. Warum schreibt man ein Buch über Fotografie und die sieben Todsünden? Wie kommt man darauf und was hat das eine eigentlich mit dem anderen zu tun? Vor einigen Jahren stolperte ich über einen Text, der sich mit den sieben Todsünden in Bezug auf kreatives Arbeiten beschäftigte. Nun bin ich immer daran interessiert, Dinge, die ich zu anderen kreativen Disziplinen lese oder aufschnappe, auf mein eigenes Terrain zu übertragen. Was kann ich davon lernen? Was gibt es an Parallelen, die ich ziehen und für mich nutzen kann?

Ohne bewusst darüber nachzudenken, begann ich auszuloten, welche der sieben Laster mir denn schon in meinem fotografischen Schaffensprozess über den Weg gelaufen sein könnten. Mich beschlich sofort das Gefühl, in meiner Fotografie schon ziemlich viel gesündigt zu haben. Faulheit? Ja! Immer und regelmäßig und mit den fantasievollsten Ausreden. Völlerei? Aber sicher doch – ich muss mir nur meine Fotovitrine ansehen. Und selbst bei so wenig sympathischen Anwandlungen wie Hochmut oder Neid muss ich mir eingestehen, mich dabei schon mehr als einmal ertappt zu haben. Wenn es mir so geht, dachte ich, dann müsste es anderen doch ähnlich gehen. Ein Testballon in Form einer Podcastfolge löste reichlich Feedback bei meinen Hörerinnen und Hörern aus. Fast alle hatten etwas zu beichten. Schuldig im Sinne der Anklage, Euer Ehren. Warum also nicht das Ganze einmal in Worte und Bilder kleiden?

Sie sind gar nicht religiös? Das macht nichts – auch den meisten Atheisten dürften diese sehr menschliche Handlungsweisen vertraut sein und somit lohnt sich die Beschäftigung damit in jedem Fall. Diese Gefühle werden weder durch Religion noch durch Kultur und Zivilisation so weit gezügelt oder eingedämmt, dass sie nicht weiterhin in Psychologie und Gesellschaft von Bedeutung wären. Mit ein bisschen Selbsterkenntnis dürfte jeder zumindest Spuren dieser Sünden im eigenen Denken oder Handeln finden, oder wie

Heiko Ernst es treffend beschreibt: »Die Todsünde ist in der Mitte der Gesellschaft angekommen, […]«[1].

Weder kann noch will ich aus Ihnen bessere Menschen machen. Allerdings glaube ich daran, dass sich die Auseinandersetzung mit bestimmten Verhaltensmustern lohnt. Diese zu erkennen und im kreativen Prozess immer wieder alternative Wege einzuschlagen, hilft uns dabei, uns als Fotografinnen und Fotografen weiterzuentwickeln.

Die Geschichte der Todsünden oder – aller Laster Anfang

Bis heute werden mit dem Begriff »Todsünde« (»peccatum mortiferum«) im Katechismus der Katholischen Kirche bestimmte, besonders schwerwiegende Sünden bezeichnet. Die erste Idee der Todsünden und eine Klassifizierung menschlicher Laster findet sich im 4. Jahrhundert nach Christus bei einem Eremitenmönch namens Evagrios Pontikos. Seine Beschäftigung mit menschlichen Abgründen markiert gewissermaßen den Ausgangspunkt einer kontinuierlichen Entwicklung und einer äußerst sorgfältigen Verfeinerung des Sündenkatalogs. Dieser bestand zunächst aus acht abzulehnenden Eigenschaften und Gefühlen: Völlerei, Wollust, Habgier, Traurigkeit, Zorn, geistige Faulheit, Ruhmsucht und Stolz.

Diese Liste wurde über Jahrhunderte in den Klöstern zwischen Beten, Arbeiten, Kontemplation, Zölibat und anderen Entsagungen beurteilt und gewissermaßen ausdiskutiert. Klösterliches (Zusammen-)Leben bietet naturgemäß beste Rahmenbedingungen, um Nonnen und Mönchen Gelegenheit zur Auseinandersetzung mit Versuchung, Selbstkontrolle und -kasteiung und anderen nur allzu menschlichen Bedürfnissen zu geben.

Papst Gregor der Große hat diese Einordnung im 6. Jahrhundert mit wenigen Änderungen in seinen Katalog der sieben Hauptlaster aufgenommen. Er fasste Ruhmsucht und Stolz sowie Traurigkeit und Faulheit zusammen und ergänzte den Neid. Damit sah die Liste so aus: Stolz (Hochmut), Neid, Zorn, Traurigkeit, Habgier (Geiz), Völlerei und Wollust. Im 7. Jahrhundert wurde die Traurigkeit durch die Trägheit ersetzt und das Ergebnis war ein jahrhundertelang gültiger Katalog der Todsünden: Hochmut (superbia), Habgier bzw. Geiz (avaritia), Wollust (luxuria), Zorn (ira), Völlerei (gula), Neid (invidia) und Trägheit (acedia).

Weil heftige Gefühle in der Regel genau dort auftauchen, wo man Dinge mit Leidenschaft tut, sind sie auch in den kreativen Tätigkeiten nicht weit. Wer viel fotografiert und seine Bilder zeigt, veröffentlicht und sich dazu austauscht, wird früher oder später über oder durch eine der genannten Sünden stolpern oder aufgehalten werden. Wir können eben nicht aus unserer Haut und nehmen unsere Persönlichkeit mit all ihren Stärken und Schwächen auch in unser Lieblingshobby mit. Wir neiden anderen Erfolg, Können oder Ausrüstung, liegen am Sonntag auf der faulen Haut oder geben uns ausschweifenden Shopping-Touren hin, die unsere Fototaschen mit noch mehr – oft ungenutzten – Gegenständen beschweren. Was wiederum zu mehr Trägheit Anlass gibt. Sie sehen es schon, es ist ein Teufelskreis.

Wenn ich hier über Lasterhaftes sowie Gegenmittel und Methoden zur Sündenbekämpfung nachdenke, nehmen Sie das bitte nicht als Belehrung wahr. Es ist fast immer Selbsttherapie, denn um es bildlich auszudrücken – ich sitze ganz tief drinnen im Glashaus und werde mich deshalb hüten, mit harten Gegenständen zu werfen. Ich lade Sie ein, mit mir gemeinsam über sündiges und tugendhaftes Fotografieren nachzudenken.

In den Kapiteln dieses Buchs versuche ich, den Todsünden und ihrem Auftreten in der Fotografie auf die Schliche zu kommen. Dafür werde ich zu Beginn eines Abschnitts die jeweilige Sünde beschreiben. Sie werden erfahren, was das Laster kennzeichnet und anhand welcher Symptome Sie es diagnostizieren können. Im Anschluss werfe ich einen Blick auf das Auftreten der Sünde in der Fotografie. Wo zeigt sie sich und wo hindert sie uns daran, das Beste aus unserer Fotografie herauszuholen? Wo immer möglich gebe ich Denkanstöße oder schlage Übungen vor, wie Sie das Laster erkennen und ihm – quasi durch die Pflege gewisser Tugenden – entgegenwirken können.

Wahrscheinlich gelingt Ihnen – wie mir auch – kein vollständig und durchgängig frommes fotografisches Leben. Aber wer will das schon? Vielleicht tun aber gelegentliche Kontemplation und aktive Buße unseren Bildern gut.

Fallen Ihnen noch mehr geeignete Bußen ein, die wir uns auferlegen könnten, um nicht im fotografischen Fegefeuer zu landen? Lassen Sie es mich und uns alle wissen unter

beichte@die7todsuenden.com

In diesem Sinne – wer ohne Schuld ist, der werfe den ersten Stein.

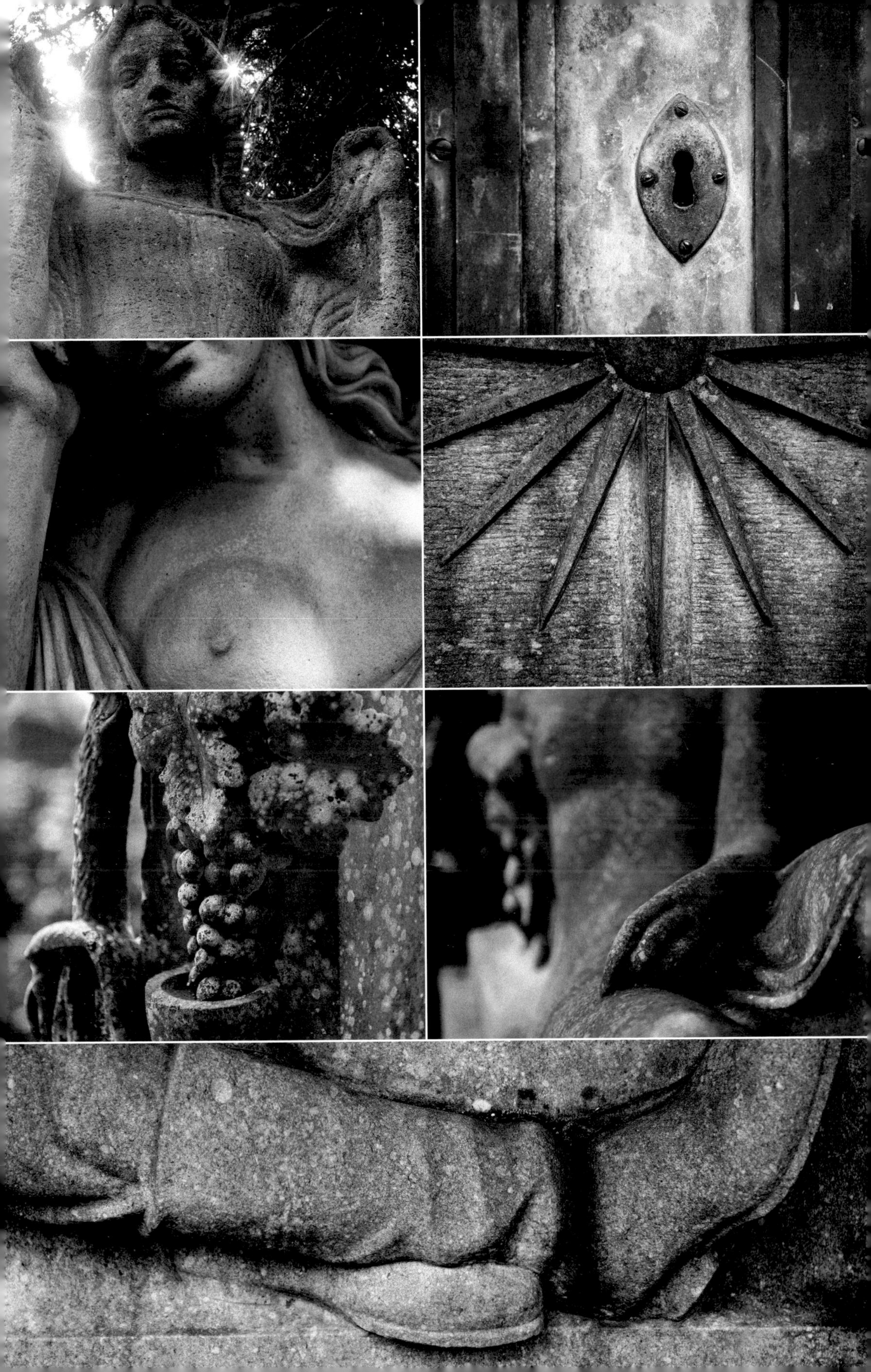

Inhaltsverzeichnis

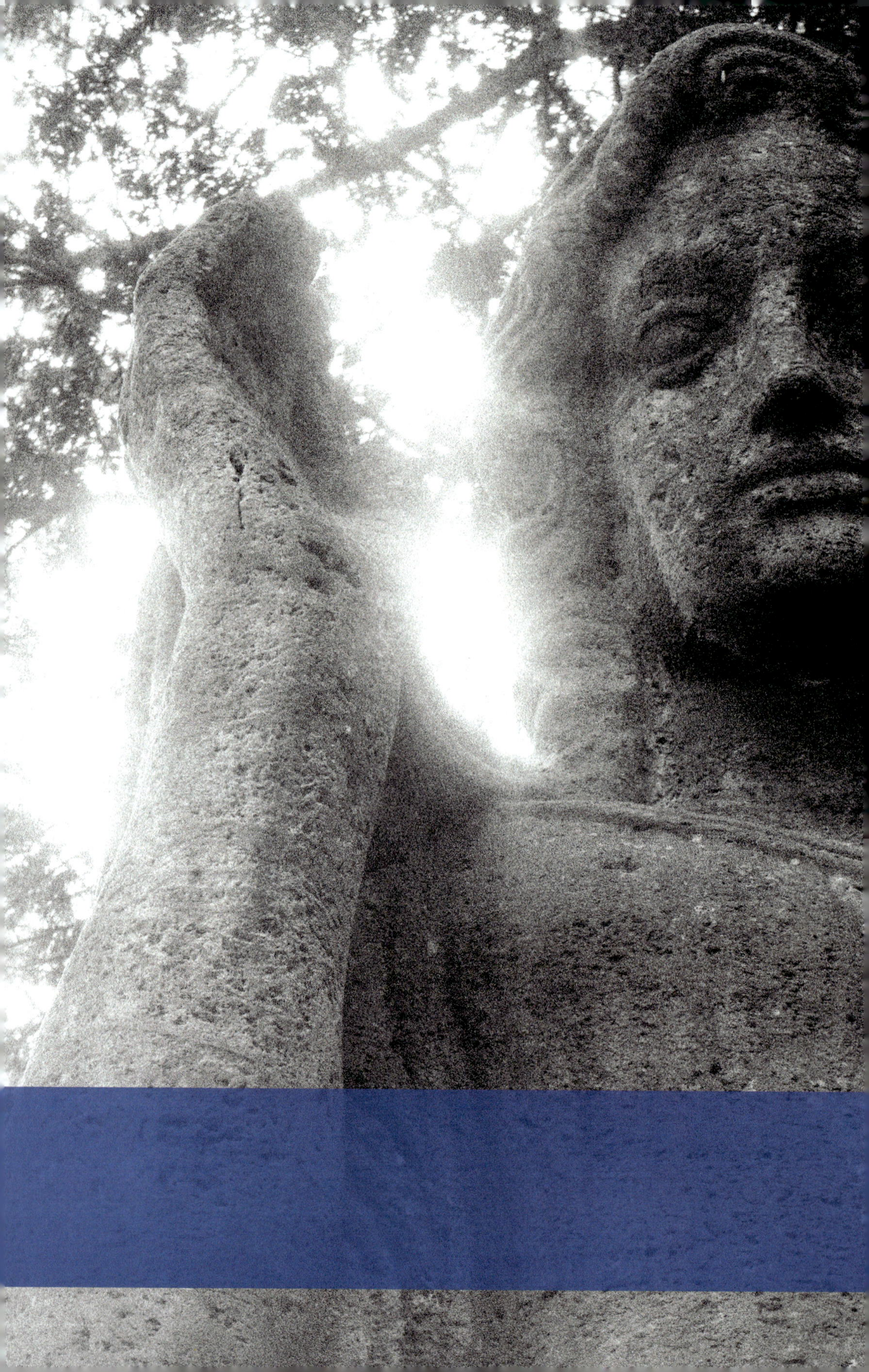

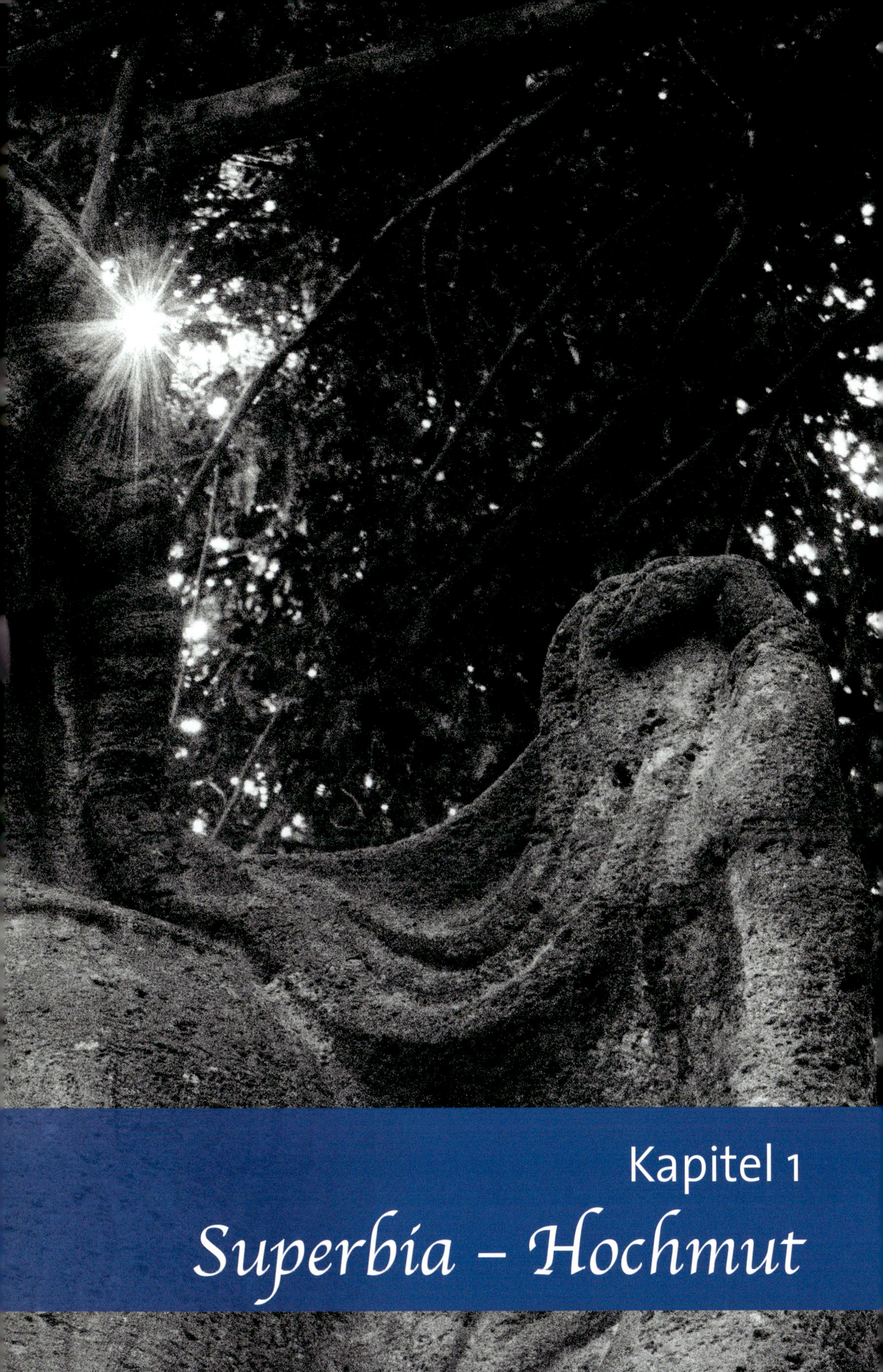

Kapitel 1

Superbia – Hochmut

Die erste der sieben Todsünden ist die des Hochmuts – Superbia. Das lateinische Wort »superbia« kann auch mit Stolz, Eitelkeit und Übermut übersetzt werden, andere Synonyme sind Arroganz und Narzissmus.

Superbia spiegelt die Haltung eines Menschen wider, in der er sich als wertvoller und besser definiert als andere Menschen. Sie ist die Überzeugung, über den anderen zu stehen. Für Augustinus (354–430) ist der Hochmut der Ursprung aller Sünde und das verwerflichste aller Laster. Wer Hochmut pflegt, wolle sich nicht dem Willen Gottes beugen. Weil der stolze Mensch die Sonntagsliturgie meidet, um sich Gott nicht zu unterwerfen, wurde Hochmut und Stolz auch als Wochentag der Sonntag zugeordnet.

In den Bewusstseinsraum der Superbia gehört das elitäre Denken – und die Verachtung für Menschen, die weniger Fähigkeiten, weniger soziale Anerkennung, weniger Schönheit oder weniger Reichtum besitzen. Hochmut liegt vor allem dann vor, wenn wir auf ein Privileg oder einen Status stolz sind, das bzw. den wir uns nicht selbst erarbeitet haben. Er unterscheidet sich damit deutlich von einer Art Stolz, die wir heute nicht mehr als Laster qualifizieren: dem Stolz, etwas geleistet oder eine Herausforderung gemeistert zu haben. Letzterer hat viele positive Aspekte – zum Beispiel, dass er motiviert. Er motiviert zu noch mehr Anstrengung und dem Willen dazuzulernen und ermöglicht damit eine (noch) bessere Leistung. Im Gegensatz dazu steht der Stolz der Hybris eher für eine Art Faulheit, bei der man es einfach nicht nötig hat, etwas zu tun.

Der Hochmütige ist sehr materiell orientiert und macht seine Werteskala ausschließlich an äußeren Merkmalen fest. Gleichzeitig ist er nicht in der Lage, sich so zu betrachten, wie er wirklich ist, und sich zu seinen Unzulänglichkeiten und Fehlern zu bekennen. Pater Anselm Grün charakterisiert den Hochmut auch als »die Blindheit für die eigenen Blinden Flecken«[2]. Aus diesem Grund lebt der Hochmütige ständig in der Angst, dass andere hinter seine Fassade schauen und erkennen, wie er wirklich ist. So wird der Stolz des Hochmütigen bis ins Mark erschüttert, wenn sich die äußeren Umstände verändern. Auch ein schöner Mensch altert und kann erkranken. Reiche verlieren ihr Vermögen und ihren sozialen Status – war heute noch alles top, kann morgen schon alles ein Flop sein.

Neben dem Christentum ächten auch andere Religionen den Hochmut. Laotse, der chinesische Philosoph und Begründer des Taoismus stellte im 6. Jahrhundert vor Christus fest, dass derjenige, der sich selbst glorifiziert, keine Verdienste hat. »Wer sich selbst rühmt, dem traut man nicht« – oder auch, wie man heute sagen würde: Eigenlob stinkt. Der Buddhismus sieht im Stolz eine der zehn Fesseln, die den Menschen an Samsara, den Kreislauf von Werden und Vergehen, und das damit verbundene Leiden binden und ihn daran hindern, Nirwana zu erreichen.

Die Heilung von der Sünde des Hochmuts besteht darin, sich von Äußerlichkeiten und der ausschließlichen Betrachtung der Schokoladenseiten zu befreien und sich stattdessen mit sich oder den Dingen in ihrer Gesamtheit zu beschäftigen, auch mit den scheinbaren Mängeln und den Schattenseiten. Dazu braucht es Mut zur Demut.

Im kommenden Kapitel werde ich immer wieder ausloten, wie wir uns fotografisch in Demut üben können. Das hört sich nach anstrengenden Stunden der Buße an. Aber der Schein trügt.

Ich habe was, was du nicht hast

Viele von uns fühlen sich zur Fotografie hingezogen, weil das aktuelle Equipment eindeutig einen gewissen Charme versprüht. Einen sehr technischen Charme. Auf Foto-Workshops treffe ich immer Teilnehmer, die in entsprechenden Berufen arbeiten: Ingenieure, IT-Spezialisten, Mechaniker. Deren Affinität zu Technik wirkt sich natürlich auch auf die Wahl des Hobbys aus. Ein schwarzer Kasten mit unzähligen Knöpfen und Displays fasziniert ungemein. Besonders dann, wenn einem Hebel, Rädchen und Schieber keine Angst machen – wenn man dieses Arsenal an Technik zu beherrschen in der Lage ist.

Ausrüstung

Eine Fotoausrüstung, die professionellen Ansprüchen gerecht wird, vermittelt leicht ein Gefühl der Allmacht. Mit einem dieser ausgefeilten, von ausgeklügelter Software unterstützten Apparate muss es einfach möglich sein, ebenso großartige Bilder zu machen. Oder etwa nicht?

Dieses Gefühl ist trügerisch. Die Ausstattung moderner Spiegelreflexkameras ist ungeheuer komplex und verstellt einem oft den kürzesten Weg zu wichtigen Funktionen, so dass für viele von uns am Ende der wichtigste Knopf der ist, an dem man auf Automatikmodus umstellt. Heutzutage ist es leicht, zwar eine Ausrüstung im Gegenwert eines Kleinwagens zu besitzen, aber an der Aufgabe zu scheitern, damit einen manuellen Weißabgleich durchzuführen.

Aus eigener Erfahrung weiß ich, dass ich keine modernen High-Tech-Kameras brauche, um mit meinem eigenen Hochmut gekonnt auf die Nase zu fallen. Meine Lieblingskamera ist eine Mittelformat-SLR, die nichts automatisch macht. Die Belichtungsmessung erfolgt über eine Lichtwaage. Fokus sowie Einstellung von Blende und Belichtungszeit passieren – wie der Filmtransport – rein manuell. Nicht viel, was es über dieses Modell zu lernen gibt. So dachte ich jedenfalls und hielt es darum auch nicht für nötig, die Bedienungsanleitung gründlich zu studieren. Und so kreuzte ich eines Tages mit einer Gruppe von Fotografen querfeldein eine (sehr nasse) irische Weide auf dem Weg zu einer spektakulären Felsformation an einer Steilküste im County Donegal. Bei dem Versuch, meine an einem Riemen quer über den Körper baumelnde Kamera beim Übersteigen eines Zauns aus dem Weg zu halten, kam ich versehentlich an den Knopf zur Spiegel-Vorauslösung. Der Spiegel klappte hoch und im Sucher war es zappenduster. Damals musste ich ein kostbares Bild auf meinem letzten Film opfern, um den Spiegel wieder aus dem Weg zu bekommen. Mir war nicht klar, dass es am Gehäuse einen winzigen Knopf gibt, den man in diesem Fall mit einem spitzen Gegenstand eindrücken kann, um den Spiegel wieder freizugeben. Heute bin ich schlauer, aber erst nachdem mir das noch ein weiteres Mal zur Unzeit passierte und ich endlich klug genug wurde, diesen Sachverhalt in der Bedienungsanleitung nachzuschlagen.

Ausrüstung

Selbstverständlich macht es großen Spaß, sich eine Fotoausrüstung zusammenzukaufen und zu sammeln. Wer liebt seine Ausrüstung nicht? Ein besseres Auge erwirbt man beim Kauf eines lichtstarken Objektivs oder eines neueren Gehäuses allerdings nicht. Aufgrund einer vollständigeren oder teureren Ausrüstung auf andere herabzuschauen, die mit weniger auskommen (müssen), sollten wir uns deshalb verkneifen. Mindestens so lange, bis wir das Gefühl haben, das Potenzial unserer Kameraboliden voll ausreizen und einsetzen zu können. Es hilft dabei sehr, seine eigenen Erwartungen zu hinterfragen. Was erwarte ich mir von einer Neuanschaffung? Und warum denke ich, das mit der aktuellen Ausrüstung nicht erreichen zu können?

Auch ich besitze mehr als eine Kamera. In meinem Schrank tummeln sich so viele Geräte, dass ich diese derzeit überhaupt nicht alle benutzen kann. Auch will ich ehrlicherweise gerne zugeben, dass ich selbst manch einfacheres Modell noch nicht an seine Grenzen geführt habe. Wenn ich also von meinem inneren Technik-Nerd getrieben mal wieder einen zuckenden Bestellfinger habe, muss ich mir eingestehen, dass ich den neuen Ausrüstungsgegenstand in der Regel kaufe, weil ich ihn will – nicht, weil ich ihn wirklich brauche. Rückblickend betrachtet, mache ich meine besten Bilder immer noch mit ganz einfachen, meist analogen Kameramodellen.

Man kann über überzogene Technikverliebtheit sagen, was man will – sie hat zumindest einen stark motivierenden Effekt. Ein neues Stückchen Ausrüstung treibt uns wenigstens aus dem Haus. Jeder Neukauf ist ein Anlass, vor die Tür zu gehen und Fotos zu machen. Wenn diese Motivation auch über den initialen Impuls hinaus bestehen bleibt, ist es umso besser. Leider lässt das Interesse aber rapide nach, wenn man feststellt, dass die resultierenden Bilder nicht zwangsläufig durch den Neuerwerb profitiert haben. Natürlich ist mehr ISO praktisch und zusätzliche Megapixel können bei der weiteren Arbeit mit einem guten Bild wirklich nützlich sein – aber beim Auffinden einer Bildidee hilft weder das eine noch das andere.

Ausrüstung

Es gibt eine Sache, die mich regelmäßig wieder zurück auf den Boden der Tatsachen bringt. Wann immer ich Fotoausstellungen besuche oder einen meiner zahlreichen Fotobildbände durchblättere, werde ich demütig. Besonders bei dem Betrachten der Bilder von Magnum-Fotografen der 40er-, 50er- und 60er-Jahre wird mir immer wieder bewusst, dass heutige Kameras deren Equipment zwar an Möglichkeiten und Funktionalitäten bei weitem in den Schatten stellen. Es zeigt mir aber auch, mit wie wenig man beeindruckende Bilder machen kann, wenn man über ein gutes Auge verfügt und vor allem den unbedingten Willen hat, sich zu engagieren.

Feedback geben ist seliger denn nehmen

Wir alle sind wahrscheinlich schuldig. Ich bin es auch. Schuldig, immer das Ego streicheln zu wollen und nach Bestätigung für das eigene Können und unsere Großartigkeit zu suchen. Auf Fotoplattformen wie Flickr, 500px oder der Fotocommunity erkennen Sie Leute wie uns daran, dass wir Mitglieder zahlreicher Gruppen und Foren sind. Nicht wegen der großartigen Diskussionen, der wertvollen Tipps oder der tollen Community-Events. Nein, wir tummeln uns dort auch, weil wir möglichst viele Orte suchen, an denen wir unsere Bilder zeigen und dafür Lob und Bewunderung einheimsen können. Es gibt sie immer noch, die »poste eines, kommentiere fünf«-Gruppen. Von wegen Ruhm und Ehre – im Grunde geht es uns nur um konstruktives Feedback, oder? Leider ergibt sich bei derlei Gruppen oft ein Übermaß an Rückmeldungen von der Art wie »tolles Bild«, »schön gesehen«, »was für Farben« oder »tolle BV«. Kommentare also, die wirklich niemandem etwas bringen. Und die Zeiten, in denen man es für eine ausreichend große Menge dieser Einträge in die Hitlisten der Plattformen schaffte (Stichwort: Flickr Explore), sind Gott sei Dank vorbei. Der magische Esel und seine Kollegen – wie Flickr-Nutzer den Explore-Algorithmus liebevoll nennen – wurden bereits mehrfach angepasst. Viel hilft viel ist schon lange keine Lösung mehr.

Haltung

Wie wäre es denn, diesen Mechanismus einfach einmal umzudrehen und Feedback zu geben, statt welches zu bekommen. Und am besten gleich solches, wie wir es selbst gerne bekämen – ginge es uns nicht um Selbstbestätigung, sondern um Verbesserung unserer Arbeiten. Wenn wir Glück haben – und die Wahrscheinlichkeit steigt von Mal zu Mal –, kommt ja etwas zurück. Und das kann dann tatsächlich auch Lob sein, aber in einer Form, mit der wir nicht nur stolz verharren, sondern auch (selbstbewusst) weiterarbeiten können.

Bevor Sie sich mit jemandem über Bilder unterhalten können, sollten Sie sich erst einmal klar darüber werden, was der Inhalt der Rückmeldung sein soll. Zumindest, wenn diese mehr enthalten soll als das nackte »mag ich« oder »mag ich nicht«. Vielleicht wissen Sie auch noch gar nicht, ob Ihnen ein Bild gefällt oder nicht. Dieses Gefallen oder Nichtgefallen ist zunächst ein eher diffuses Gefühl, das man in der Regel erst einmal für sich konkretisieren muss. Man muss das Bild für sich auslesen, um sich darüber Schritt für Schritt näher an ein verwertbares Feedback heranzutasten.

Wie Sie ein Bild lesen

Also wie liest man ein Bild so, dass man etwas darüber lernt, was man hinterher weitergeben kann?

Die folgenden zehn Fragen sind im Grunde nichts als der Versuch eines detaillierten Wegweisers, um folgenden Sachverhalten auf den Grund zu gehen: Was hat der Fotograf gewollt? Wie hat er es umgesetzt? War er erfolgreich? Wenn Sie sich das alles überlegt (und vielleicht sogar Notizen gemacht) haben, sind Sie bestens präpariert, eine fundierte Rückmeldung zu geben.

1. **Achten Sie auf Ihren allerersten Eindruck – was fällt Ihnen direkt auf?**
   Der allererste Blick und das, was man dabei empfindet, ist manchmal viel näher am Herzen eines Bilds bzw. an dessen Bildaussage, als das, was man bei bewusstem analytischen Studieren herausfindet. Es gibt Bilder, die eher extrovertiert sind und vielleicht durch kräftige Farben sehr früh, sehr viel Aufmerksamkeit auf sich ziehen. Andere wiederum sind leiser und erschließen sich erst auf den zweiten Blick. Zu welcher Kategorie gehört das Bild, das Sie gerade betrachten? Haltung

2. **Zu welchem Genre gehört das Bild?**
   Street? Landschaft? Mode? Architektur? Oft ist diese Frage einfach zu beantworten, aber nicht immer.

3. **Zu welchem Zweck wurde es aufgenommen?**
   Eine unfaire Frage? Nicht unbedingt. Sich diese Frage zu stellen, kann einem helfen, das Bild zu verstehen. Für die drei großen Bereiche: News/Editorial, Werbung/kommerzielle Fotografie und Kunst oder was man zu Neudeutsch so schön »fine art« nennt, gelten jeweils deutlich andere Bedingungen. Wer unter einem dieser Vorzeichen fotografiert, geht die Umsetzung eines Motivs ganz unterschiedlich an. Die Wahl von Brennweite, Verschlusszeit und Blende wird anders ausfallen, je nachdem, ob das Bild für eine Reportage in Zeitung oder Magazin geschossen wurde oder ob es zu Werbezwecken entstand. Gleiches gilt für die Positionierung oder den Anschnitt des Hauptmotivs.

4. **In welcher Situation befand sich der Fotograf im Moment des Auslösens?**
   Oder mit anderen Worten, was ging gerade um ihn herum vor? Stand er auf einer befahrenen Kreuzung oder in einer weiten

Landschaft? Deutsche Großstadt oder orientalischer Basar? Hatte er Zeit für Komposition und Aufnahme oder musste er rasch handeln und durfte nicht bemerkt werden? Wie, d.h. mit welchen Mitteln transportiert er die Atmosphäre einer Szene?

5. **Entstand die Fotografie geplant oder ungeplant?**
Eine typische Auslösung im Genre Street ist z.B. häufig eine spontane Sache. Zwar ist man mit dem Vorsatz unterwegs, besondere Szenen aus dem Trubel und dem Treiben auf der Straße mitzubringen, doch die Entscheidung, wann man dann tatsächlich auslöst, fällt oft in Sekunden – oder Bruchteilen davon. Eine Aufnahme im Studio ist im Gegensatz dazu oft vollständig durchgeplant. Zwischen diesen beiden Extremen gibt es ein weites Feld von Möglichkeiten. Und während eine Studioaufnahme viel häufiger genau das ist, was sie zu sein scheint, ist das Offensichtliche in Reportagen oft nicht die einzige Bedeutungsebene. Wo ungefähr ist die Fotografie einzuordnen, die Sie betrachten?

6. **Gibt es (offensichtliche) technische Details, die das Bild zu dem machen, was es ist – die tatsächlich großen Einfluss auf die Wirkung und Aussage des Bilds haben?**
Wurden diese bewusst oder zufällig eingesetzt?

Haltung

7. **Gibt es stilistische Merkmale, die die ganz spezielle Handschrift des Fotografen ausmachen?**
Eine spezielle Art und Weise, Licht einzusetzen? Ein Gefühl für außergewöhnliches Timing? Manche Fotografen versuchen so sehr, bestimmte stilbildende Techniken zu vermeiden, dass das alleine schon wieder zu einer eigenen Handschrift wird. Wie beurteilen Sie das Bild, welches Sie gerade betrachten?

8. **Was wollte der Fotograf uns damit sagen?**
(Das war schon in der Deutschstunde immer die Kernfrage). Manche Bilder entstehen mit einer gewissen geplanten Absicht im Kopf. Gesellschaftliche Zustände sollen dokumentiert, Texte illustriert oder Erinnerungen festgehalten werden. Andere Aufnahmen entstehen aufgrund eines Bauchgefühls und »enthalten« eine große Portion Zufall – sie sind deshalb nicht weniger gut. In welche Kategorie fällt das vorliegende Bild? Ist es eher ein Kopfbild oder ist es eher aus einer intuitiven Regung heraus entstanden? Versuchen Sie dem nachzuspüren. Welche Intention lesen Sie heraus?

9. **Fehlen Hintergrundinformationen?**
   Oder fehlt etwas, um das Bild komplett zu machen, es zu verstehen – oder es noch mehr zu mögen? Die Gegenfrage ist auch erlaubt: Gibt es ein Zuviel von irgendetwas, das den Eindruck stört?

10. **Funktioniert das Bild für Sie?**
    Hier ist nun Platz für Ihr Bauchgefühl.

Wie geben Sie richtig Feedback?

1. Verwenden Sie Ich-Botschaften, damit die Botschaft persönlich herüberkommt: Ich beobachte, ich sehe, das kommt bei mir an wie, das löst bei mir aus, dass ...

2. Setzen Sie wenn möglich bei den Stärken an und gehen Sie nicht nur auf Negatives ein.

3. Beschreiben Sie statt zu werten.

4. Haben Sie konstruktive Änderungsvorschläge? Dann heraus damit!

5. Ihre Rückmeldung sollte immer brauchbar sein. Aus diesem Grund ist es wichtig, dass Sie stets freundlich Feedback geben. Wer einen anderen wirklich weiterbringen will, hat nichts davon, wenn sein Gegenüber gekränkt oder beleidigt ist.

   Haltung

6. Sprechen Sie neue Aspekte an (besonders, wenn andere auch schon Feedback gegeben haben).

7. Bieten Sie nur dann Anmerkungen und Kritik, wenn diese auch erwünscht sind.

Oder in der Kurzfassung frei nach Friedemann Schulz von Thun (siehe auch Kapitel 4 über den Zorn):

Sachinhalt

- Was habe ich gesehen?
- Was ist mir aufgefallen?

Selbstoffenbarung

- Was löst das bei mir aus?
- Wie reagiere ich auf das, was ich sehe?
- Was deute ich hinein?

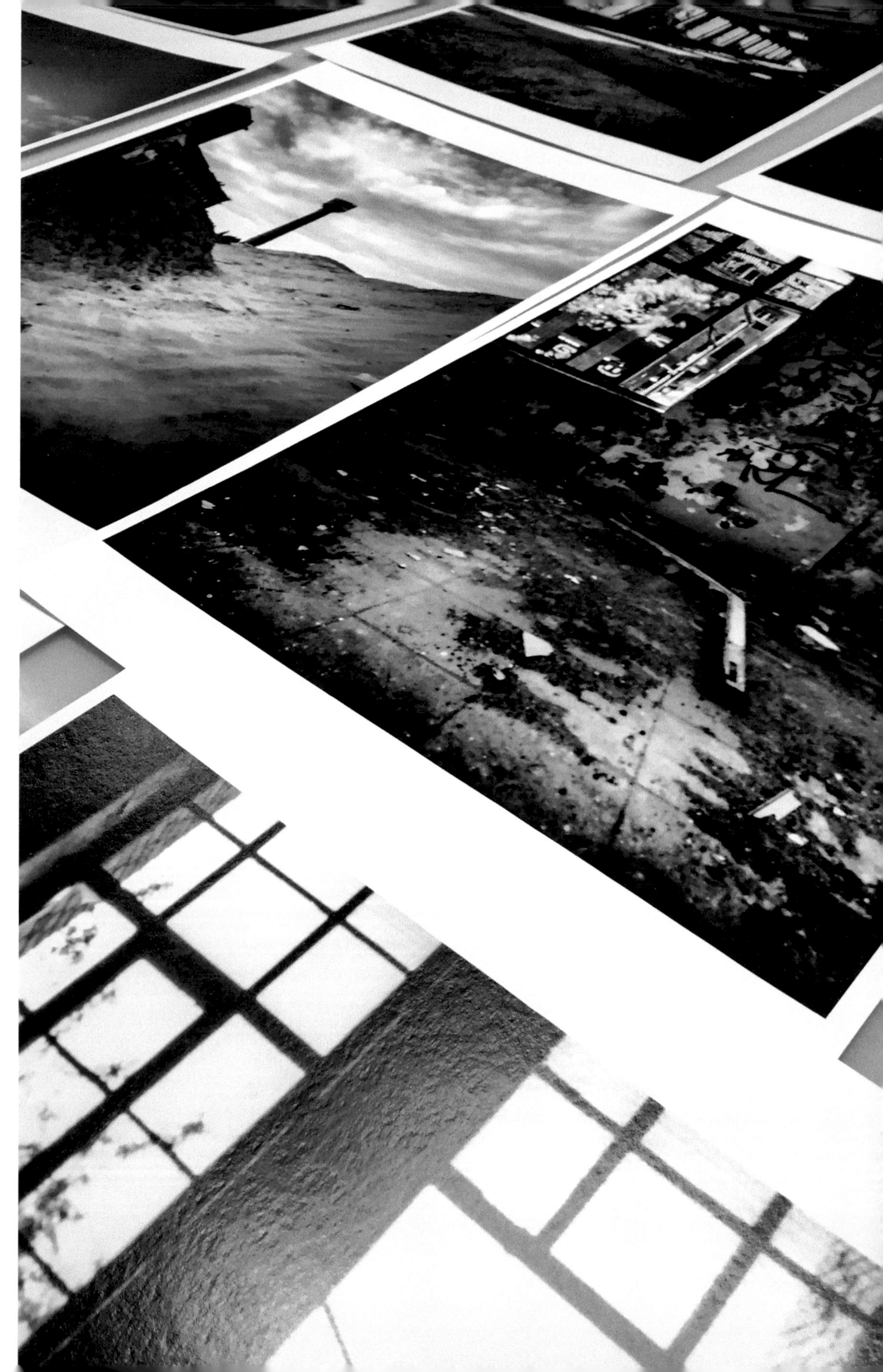

Der erste Härtetest für meine Auswahl kommt in der Regel, wenn ich beim Fachlabor meines Vertrauens die Ausbelichtungen oder Pigmentdrucke machen lasse. Wirken die Bilder auch ohne die Hintergrundbeleuchtung eines Bildschirms und passt das gewählte Papier zum Motiv und zur technischen Ausarbeitung? Bereits die Reaktion des Personals im Labor ist für mich ein erster Fingerzeig, ob ich richtig gewählt habe, und kann mich ermutigen oder mir einen Dämpfer versetzen. Oft bekomme ich hier schon wichtige Hinweise, was ich besser oder anders machen könnte. Manchmal ändere oder ergänze ich danach noch einmal die Auswahl.

Abb. 1–1
Pigmentdrucke einer Serie von Lochkamera-Bildern, die für eine Ausstellung vorbereitet werden

Nach Rahmung und Aufhängen der Bilder kommt der spannendste Teil. Der Moment, in dem mein Puls beschleunigt und der Blutdruck in die Höhe klettert: die Eröffnung der Ausstellung. Sie gibt mir nicht nur die Möglichkeit, meine Bilder vorzustellen. Viel interessanter ist es, die Menschen dabei zu beobachten, wie sie an den Fotos vorbeischlendern und sich miteinander über die Motive unterhalten. Oft überraschen mich die Reaktionen. Nicht immer ist das Bild, das bei Flickr die meisten Likes bekam, das, was auch im direkten Kontakt am besten wirkt oder die meisten Bemerkungen und Nachfragen auslöst. Viele Motive lösen bei den Besuchern Gefühle aus, die völlig anders sind als meine. Die Bedeutung, die darin gelesen wird, ist eine andere als die, die ich darin sehe. Das alles bringt mir ebenso viel über Fotografie bei wie über Kommunikation. Sender und Empfänger sind wichtig, damit eine Botschaft transportiert werden kann. Und oft spiegelt mir die Reaktion des Publikums auch etwas darüber wider, was vielleicht im Moment der Aufnahme durch meinen Kopf ging – oder durch mein Unterbewusstsein.

Haltung

Dieser direkte Austausch unterscheidet sich in meinen Augen ganz wesentlich von dem – sehr asynchronen – Kontakt mit den Betrachtern meiner Bilder, der das Veröffentlichen im Internet kennzeichnet. Hier kann ich mich nicht vor Reaktionen wegducken. Ich kann mich nicht entscheiden, den Browser einfach geschlossen zu halten und auf eine Frage später oder gar nicht zu antworten. Ich investiere Präsenz und Verbindlichkeit, was mir im Gegenzug auch ein bewussteres, authentischeres und tieferes Feedback meines Gegenübers beschert.

Im Moment dieser Rückmeldungen und der Gespräche über die eigenen Bilder sind Sie ganz nah dran – an sich und an Ihren Bildern. Die Fassade ist unten, Sie sind nahbar. Das ist berührend und anstrengend, aber eine durchweg gute Erfahrung. Sie können mit Recht und ohne Hochmut stolz sein auf das, was Sie geschaffen haben. Und mit den ganzen Rückmeldungen aus diesem Austausch bekommen Sie genug Ideen und Energie, kreativ weiterzuarbeiten.

Seien Sie wieder Anfänger!

Gerade, wenn man schon lange fotografiert, viel Ausrüstung angesammelt und einige Workshops besucht hat, lockt die Versuchung, sich an immer komplexeren und technisch anspruchsvolleren Projekten zu versuchen. Grundsätzlich spricht auch nichts dagegen. Allerdings ist es immer sehr heilsam und tatsächlich nicht nur in der Theorie nützlich, sich regelmäßig in Demut zu üben. Schalten Sie doch alle paar Wochen mal wieder den Anfängermodus ein. Sie sind nie zu erfahren, auch einmal ganz von vorne zu beginnen oder sich mit den ganz grundlegenden Prinzipien der Fotografie zu beschäftigen.

Im kreativen Prozess

> Im Buddhismus gibt es den Begriff des »Anfängergeists« (»Beginner's Mind«). Dieser Zustand zeichnet sich durch Neugier, Offenheit und Aufmerksamkeit aus und verzichtet auf Perfektionsansprüche. Dieser Anfängergeist ist ein wertvolles Instrument, damit Sie aus den Übungen auch etwas mitnehmen. Versuchen Sie nicht zu glauben oder zu wissen, was als Nächstes kommt. Sie berauben sich damit der Möglichkeit, Dinge vorurteilsfrei und offen zu erkunden.

Suchen Sie sich einzelne und ganz einfache Aufgaben und nutzen Sie dazu Dinge, die Sie in Ihrem direkten Umfeld, z.B. in Haus oder Garten, finden. Sie brauchen keine weite Reise zu machen und auch nicht auf gutes Wetter zu warten. Ich werde in solchen Fällen auf der Suche nach Motiven auch einmal in meiner Besteck- oder Kramschublade fündig. So habe ich mich z.B. einmal aus purer Langeweile einen ganzen Nachmittag damit beschäftigt, herauszufinden, auf wie viele Arten ich eine Gabel fotografieren kann. Wenn Ihnen eine Gabel zu profan oder zu stachelig ist, suchen Sie sich einen Gegenstand Ihrer Wahl und nehmen Sie ihn mit auf eine stationäre Fotoreise.

1. **Komposition**
   Wie können Sie diesen Gegenstand im Sucherrahmen bzw. im Format Ihres Bilds positionieren?

   a) Gehen Sie die verschiedenen Möglichkeiten der Komposition einzeln durch – von langweilig über ausgewogen, bis asymmetrisch, angeschnitten und abwegig. Vergleichen Sie Ergebnisse und beurteilen Sie die Wirkung. Was gefällt Ihnen am besten?

   b) Wie ändert sich die Wirkung auf den Betrachter, wenn Sie anschließend das Seitenverhältnis des Bilds ändern? Gibt es Kompositionen, die sich für bestimmte Seitenverhältnisse empfehlen oder gar aufdrängen?

Im kreativen Prozess

2. **Licht**
   Was macht es mit Ihrem Gegenstand, wenn Sie ihn unterschiedlichen Lichtsituationen aussetzen? Mit wie wenig Licht können Sie auskommen? Was passiert, wenn Sie die Szene mit Licht fluten? Machen Sie doch zum Spaß einmal eine sehr fein abgestufte Belichtungsreihe – von zappenduster bis gleißend hell – und lassen Sie das Ergebnis zur Prüfung als Diashow ablaufen. Wie verändert sich das Motiv in der Wirkung – vor allem auch im Bezug zu Hintergrund und Umfeld. Ist Ihnen die korrekt belichtete Variante die liebste? Oder finden Sie Gefallen an den Extremen?

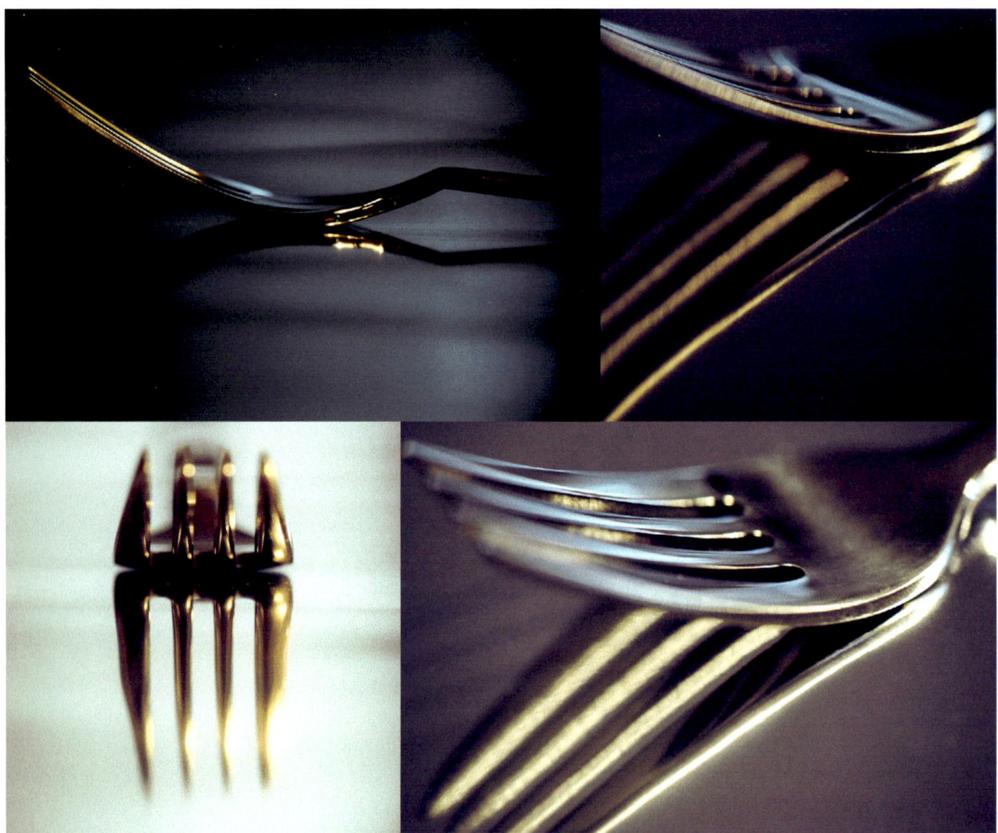

Abb. 1–2 *Ein kleiner Auszug aus meiner Gabel-Sammlung. Sie können bei einer solchen Übung alles Mögliche an Varianten durchprobieren. Spielen Sie ruhig auch mit dem Weißabgleich, um verschiedenfarbige Versionen zu erhalten.*

Im kreativen Prozess

Dokumentieren Sie die Ergebnisse solcher und ähnlicher Aufgaben. Wie ein Notizbuch dient Ihnen das später als visuelle Referenz. Gut geeignet sind dafür Programme, zu denen es auch eine Webversion oder Smartphone-App gibt. Auf diese Art und Weise können Sie nach einer Synchronisation Ihr »fotografisches Notizbuch« auch auf der nächsten Fotopirsch immer mit sich führen.

Notizbuch-Apps

Microsoft One Note, Evernote oder Google Notizen sind nur einige wenige Beispiele für Notiz-Apps, die Ihnen die Möglichkeit bieten, Bilder, Text und meist auch Audio oder Videoinhalte zu erfassen und durch Verschlagwortung und/oder Zuordnung zu themenorientierten »Notizbüchern« zusammenzufassen; sie bieten außerdem gute Dienste, wenn Sie Foto-Locations erkunden und für spätere Besuche dokumentieren möchten.

Im kreativen Prozess

Eine andere Möglichkeit, zwischenzeitlich in den Anfängermodus abzutauchen, sind Wochenendprojekte wie der Bau einer einfachen eigenen Kamera. Mit wenig Aufwand können Sie von der Streichholzschachtel über die Bierdose bis hin zur Mülltonne so ziemlich jedes Behältnis mit ein wenig Aufwand und etwas Film in eine Lochkamera verwandeln. Machen Sie wenigstens ein Bild damit und erforschen Sie damit die linsenfreie Fotografie. Orthodoxe Digitalfotografen können diese Übung in Demut (wenn auch mit geringerem Schwierigkeitsgrad) mit einer sogenannten Pinhole Cap und ihrer Digitalkamera durchführen. Viel Spaß!

Weiterlesen und schauen

Weil sie keine Kamera fand, die ihre Ideen angemessen visualisieren konnte, fertigt die amerikanische Fotografin Susan Burnstine ihre Kameras grundsätzlich selbst an. Sie verwendet dazu Haushaltsgegenstände wie z. B. Lupen, diverse Plastikteile, Müllsäcke, Gummiringe und natürlich viel Klebeband. Ihre Bilder sind im positiven Sinne einzigartig, düster, traumgleich und eindringlich:

http://www.susanburnstine.com

Öffnen Sie sich ungewohnten Motiven

So wie uns unsere Projekte irgendwann nicht mehr anspruchsvoll genug sein können, so sehr verlernen wir auch, bei unseren Motiven das Besondere im Einfachen oder auch im Abgründigen zu sehen. Viele Fotografen – und da nehme ich mich nicht aus – sind auf den ersten Blick vor allem von den schönen Dingen gefangen. Wir reagieren auf tolle Sonnenuntergänge, schöne alte Autos, Blumen, beeindruckende Architektur und schöne Menschen mit reflexartigem Hochnehmen der Kamera. Diese Motive machen es uns einfach – wir bekommen Zuspruch, ohne viel dafür arbeiten, die Perspektive wechseln oder einen Standpunkt beziehen zu müssen.

> *»Photography makes one conscious of beauty everywhere, even in the simplest things, even in what is often considered commonplace or ugly. Yet nothing is really ›ordinary‹, for every fragment of the world is crowned with wonder and mystery, and a great and surprising beauty.«*
>
> Alvin Langdon Coburn

Im kreativen Prozess

Das hat natürlich seine Berechtigung und die resultierenden Bilder gefallen und man schaut sie gerne an. Außerdem bieten solche Motive durch ihre Schönheit natürlich auch eine – quasi nie versiegende – Motivation, zur Kamera zu greifen und ganz nebenbei auch wieder was dazuzulernen. Dass wir bei einem atemberaubenden Panorama fast automatisch zur Kamera greifen, um das festzuhalten und unserer Erinnerung an diesen Moment ein bisschen auf die Sprünge zu helfen, ist fast schon so etwas wie ein Instinkt. Man sucht nach dem Ideal. Danach, wie die Dinge in unseren Augen sein sollten.

Andererseits – wie heißt es immer so schön: Schönheit liegt im Auge des Betrachters und jeder von uns nimmt sie anders wahr. Auch das Verfallene und die dadurch gezeigte Vergänglichkeit können ihren Reiz haben. Um diesen Reiz hat sich in den letzten Jahren ein eigenes Sujet entwickelt. »Urban Exploration« oder die Fotografie von sogenannten »Lost Places« zeigen die Faszination verlassener Gebäude oder alter Fabrikgelände. Die vielen Bilder aus diesem Genre haben die Sehgewohnheiten von uns Fotografen schon so stark geprägt, dass uns die solchen Motiven innewohnende Ästhetik inzwischen sehr vertraut ist. Ein großer Teil dieser Bilder lebt von interessanten Texturen, wie sie von Rost, abblätternder Farbe, Schrott oder Gerümpel gebildet werden. Eine zweite Kategorie spielt mit dem Licht, das die Verlassenheit in Szene setzt und die Einsamkeit dieser Orte greifbar werden lässt.

Im kreativen Prozess

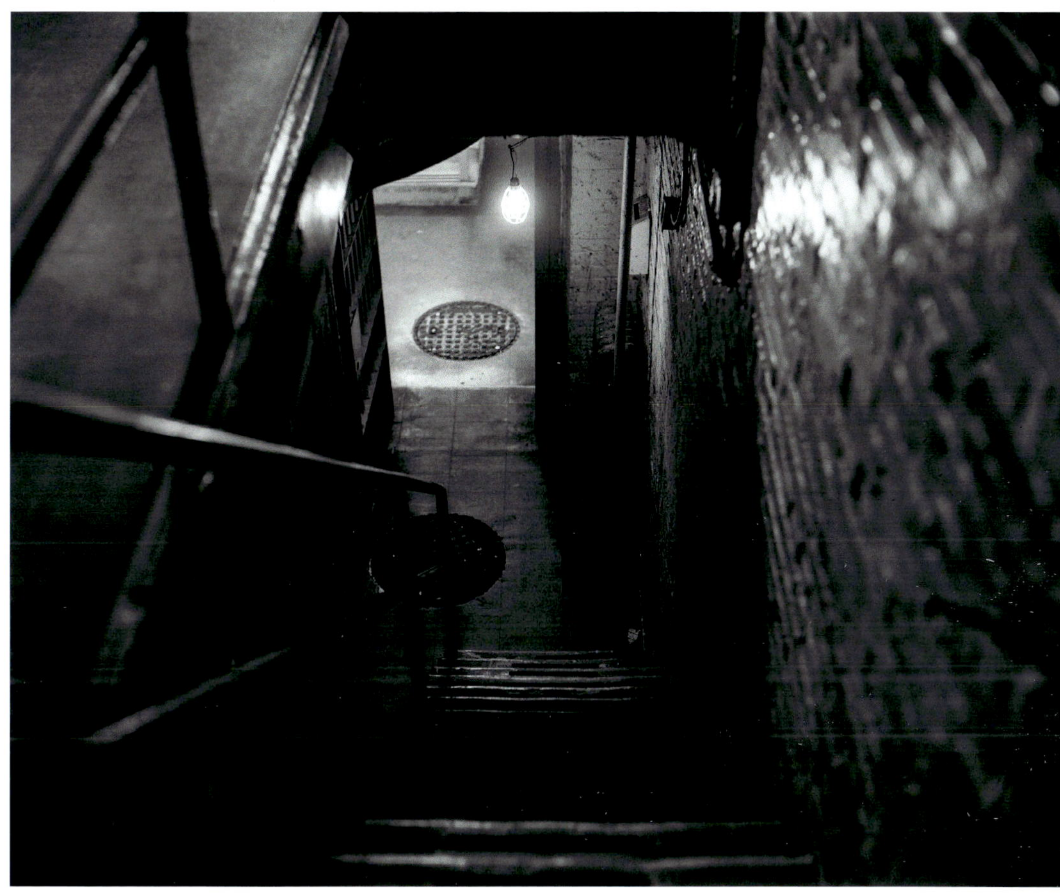

Abb. 1–3 _Dieses Bild entstand bei einem Ausflug in ein verlassenes Bezirksgefängnis in Peterborough, Ontario, Kanada. Wir betraten den Zellentrakt aus dem Keller kommend. Die Treppe wurde durch eine einzige Glühbirne nur aufs Nötigste beleuchtet._

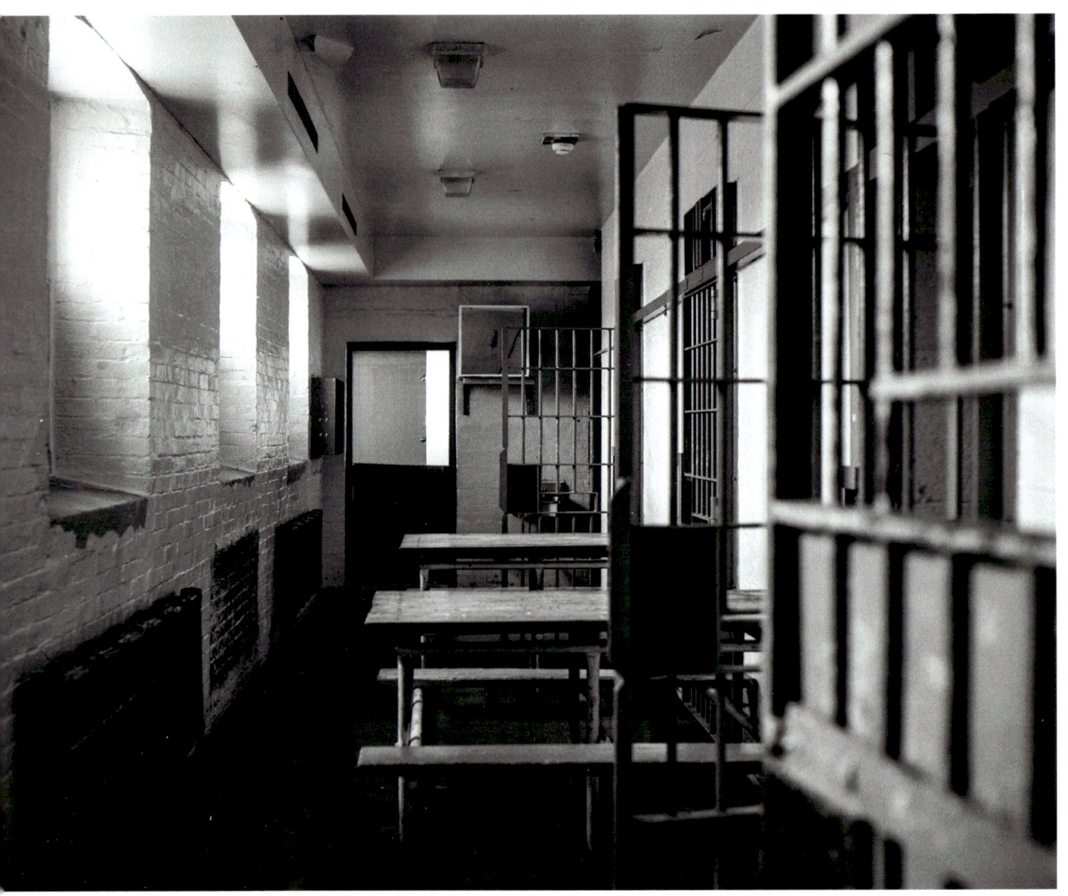

Abb. 1–4 *Ein Blick in den verlassenen Zellentrakt des Bezirksgefängnisses in Peterborough. Hier gab es für die Insassen nicht einmal den Hauch von Privatsphäre.*

Je mehr das offensichtlich Fotogene fehlt, desto mehr müssen Sie innehalten und sich auf eine Szene einschwingen, um das für Sie Wesentliche einfangen zu können. Sie müssen sich auf die Frage einlassen, was dort geschehen ist, wie es früher aussah und was die Menschen empfanden, für die dieser Ort Teil ihres täglichen Lebens war. Um solche Gedanken haben zu können, kann man nicht hochmütig auf seinem inneren Standpunkt beharren. Sie selbst spielen eine Hauptrolle darin, diese Motive zu etwas Besonderem zu machen und ihnen eine zweite Ebene zu geben – neben der reinen Ästhetik, wie sie durch eine gelungene Komposition oder eine schöne Textur zustande kommt. Auf diese Art und Weise können Sie den Betrachter dazu bewegen, im Kopf seine eigene Geschichte zu

Im kreativen Prozess

entwickeln. Solche – nennen wir sie einmal gebrochenen – Bilder transportieren oft mehr als Schönheit, nämlich Widersprüche, Erfahrungen und Erlebtes.

Wenn Sie den Schwierigkeitsgrad dieser Übung in Demut weiter steigern wollen, könnten Sie einen Schritt weitergehen und sich ausschließlich mit der Fotografie des Alltäglichen beschäftigen. Sicher – irgendwo anders ist es immer spannender als gerade zuhause – aber fragen Sie sich doch einmal, was Sie fotografieren würden, wenn Sie an Ihr Haus oder ein Zimmer darin gefesselt wären. Das Gewöhnliche und Normale übersehen wir oft, weil wir es täglich sehen und dafür einen blinden Fleck entwickelt haben. Vielleicht ist es trotzdem lohnenswert, einmal genau hinzusehen und seine vertraute Umgebung, die oft wenig spannend und nur allzu bekannt vorkommt, neu zu entdecken. Schließlich bestimmt genau diese Normalität unser Leben und davon haben wir nur eines. Diese Momente, die guten, die schlechten, die bedeutungsvollen und belanglosen, machen mehr aus als unsere sporadischen Ausflüge zum Glamourösen, offensichtlich Schönen und Besonderen.

Im kreativen Prozess

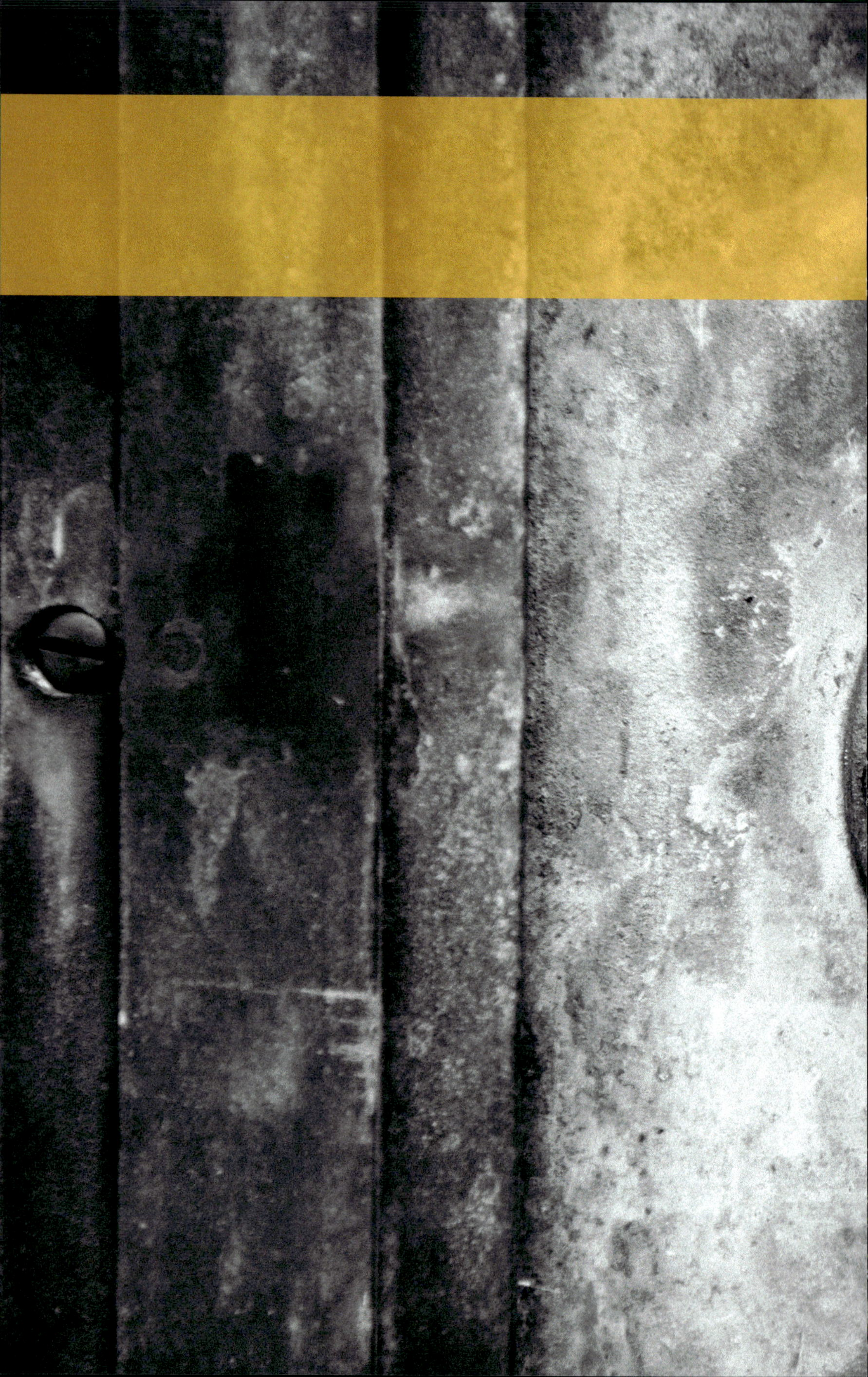

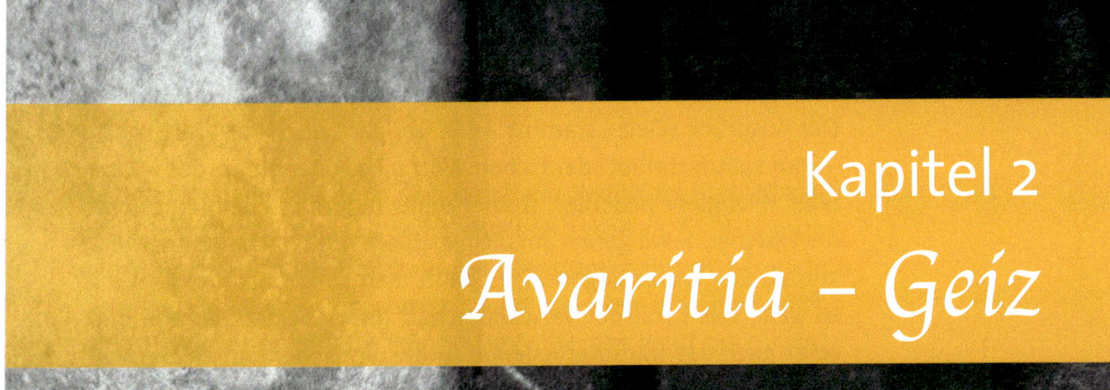

Kapitel 2
Avaritia – Geiz

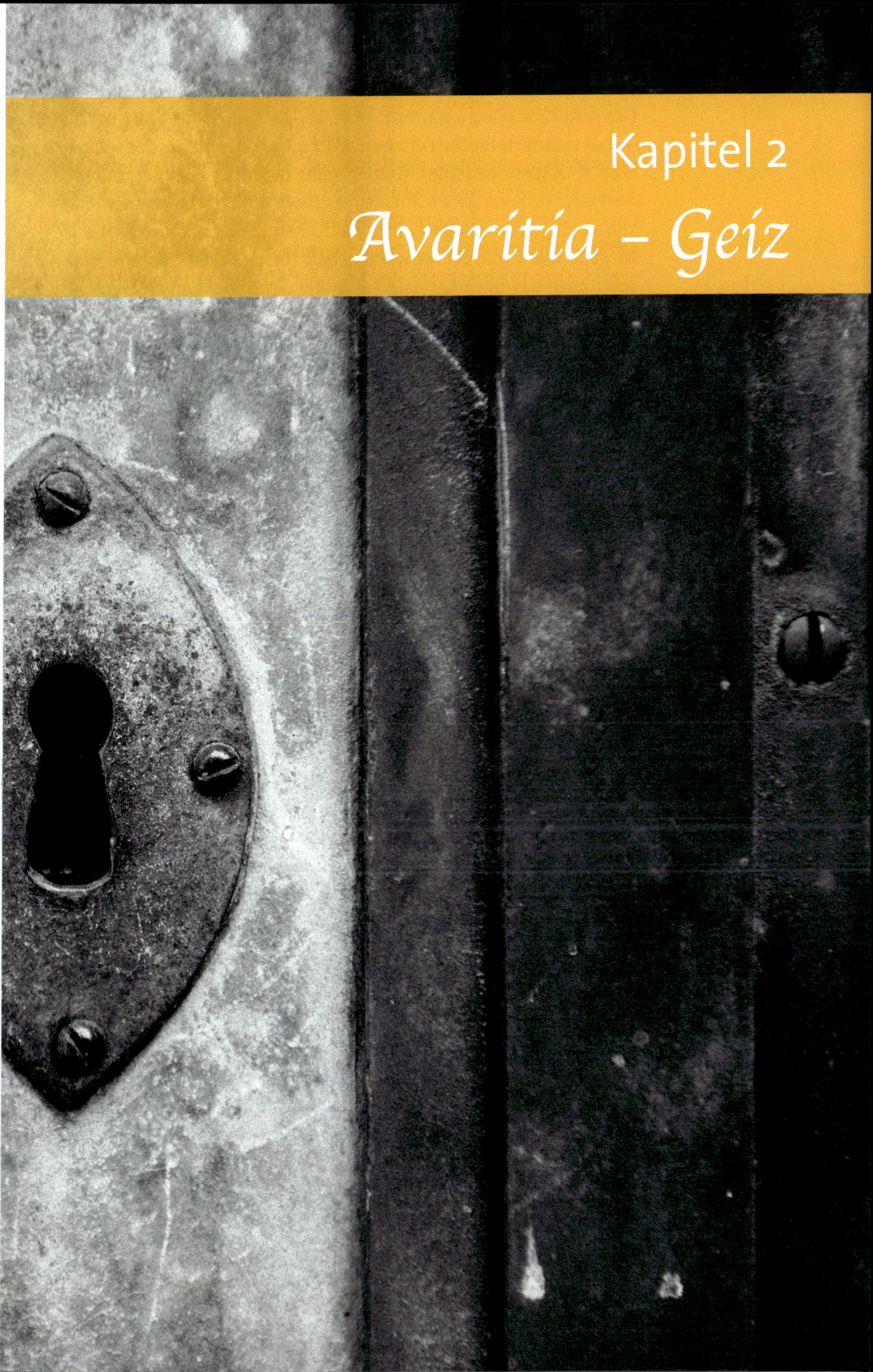

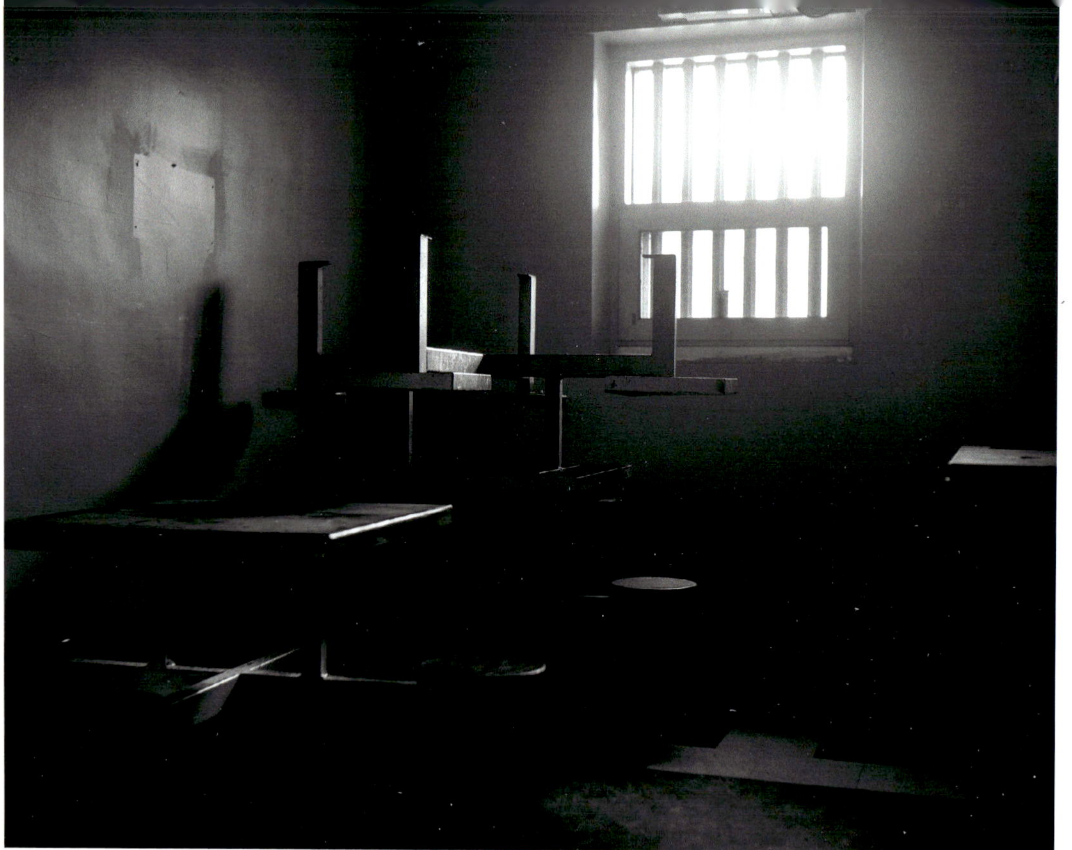

Abb. 2–2 *Diese Aufnahme zeigt den Speiseraum des inzwischen leerstehenden Bezirksgefängnisses von Peterborough in Kanada. Das verwendete Objektiv stammt aus den 20er-Jahren des letzten Jahrhunderts und hat nur eine einfache Vergütung. Dieser »Mangel« fügt dem durch das Fenster einfallenden Sonnenlicht eine Art Heiligenschein hinzu. Ich habe dieses Überstrahlen bei der Bearbeitung absichtlich nicht herauskorrigiert, da es das Motiv unterstützt.*

Abb. 2–3
Schärfe sucht man in diesem Lochkamerabild vergeblich. Das Motiv würde ohne die beinahe malerische Weichheit der glaslosen Abbildung und die für eine Lochkamera typische lange Belichtungszeit deutlich an Reiz verlieren.

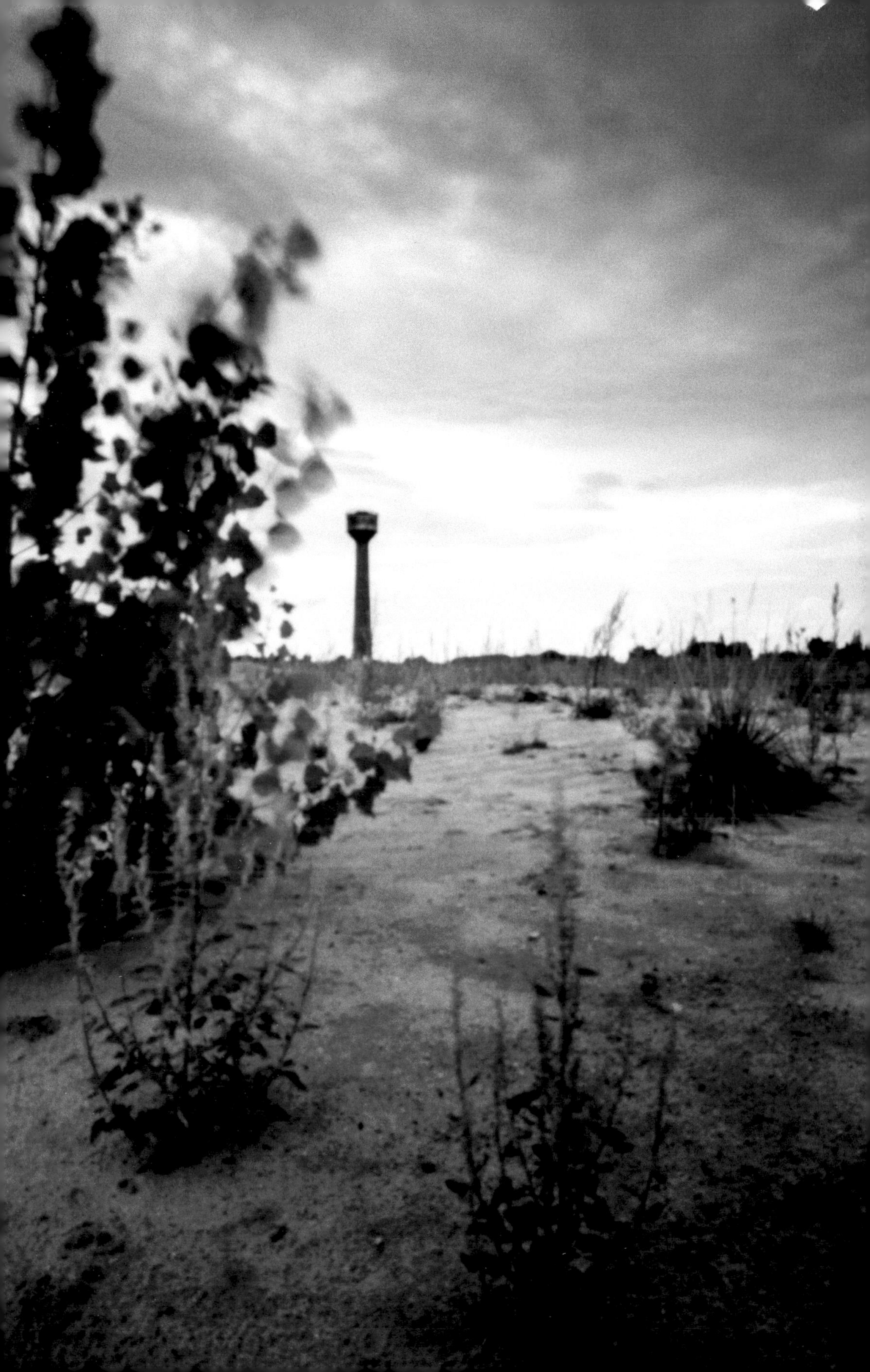

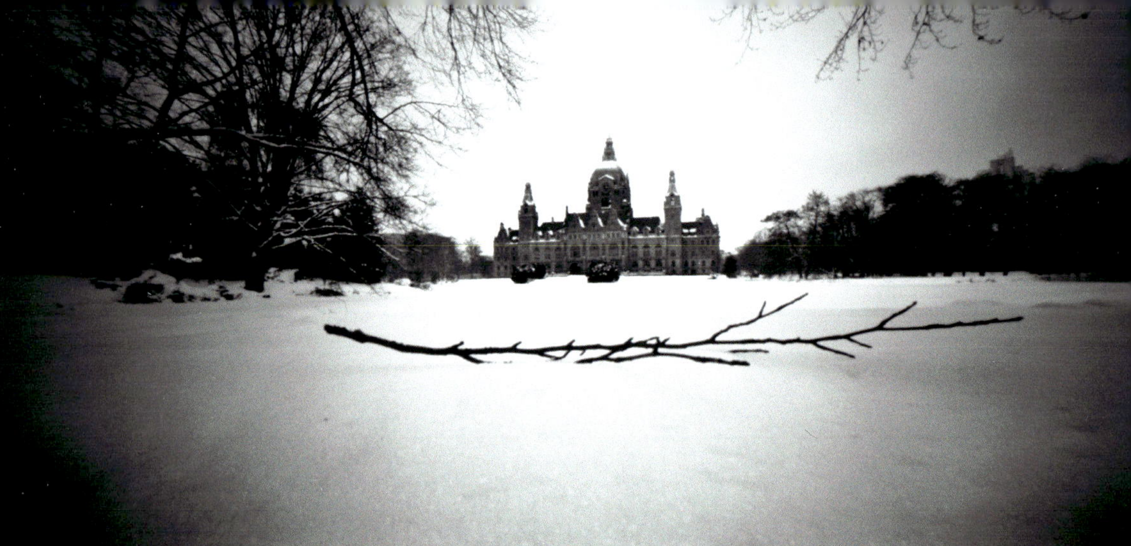

Abb. 2–4 *Verzeichnung und starke Randabschattungen sind bei Objektiven ein Zeichen minderwertiger Qualität. Bei Bildern aus der Holga 120 WPC, einer extrem weitwinklig arbeitenden Lochkamera erwartet man aber nichts anderes. Zusammen mit einem prominenten Element im Vordergrund ergibt sich daraus erst die skurrile Atmosphäre des Bilds.*

Tauschen Sie doch ab und zu den Wunsch nach Kontrolle gegen Offenheit ein: Offenheit für Zufälle, Unperfektheiten und auch für das, was man gemeinhin als Mängel bezeichnen würde. Erfreuen Sie sich an reizvollen Motiven, ganz unabhängig davon, welche Kamera oder Optik Sie dabeihaben. Eine Fixiertheit auf Messwerte und die Qualität Ihrer Ausrüstung führt Sie nicht zu besseren Bildern. Sie werden sehen, es macht auch (vielleicht sogar ganz besonders) stolz, ein spannende Szene mit einer einfachen Kamera eingefangen zu haben – gerade weil man dabei viel Kontrolle abgeben musste. Vertrauen Sie stattdessen häufiger Ihrem Instinkt, wenn Sie zielen und abdrücken. Das trainiert ungemein und kommt Ihnen beim Fotografieren grundsätzlich zugute.

Ausrüstung

Seien Sie großzügig, lassen Sie ab und zu Ihren Anspruch an Perfektion ruhen und gönnen Sie sich, einfach nur Spaß zu haben. Diesen Spaß und vielleicht auch eine Portion Leichtigkeit wird man aus Ihren Bildern eher herauslesen können als die bestmögliche Korrektur chromatischer Aberrationen.

Sparen Sie nicht am falschen Ende

Wer sich einigermaßen ernsthaft mit Fotografie beschäftigt, hat sich diese Frage sicherlich schon oft gestellt: Soll ich mein Geld lieber in eine billige Kamera und ein teures Objektiv oder in eine teure Kamera und billiges »Glas« investieren? Im Bereich der Ausrüstung ringen Sammelwut und Habgier mit Geiz. Am liebsten hätten wir alles, aber für möglichst wenig Geld.

Höher, schneller, weiter

Kameragehäuse unterscheiden sich heute hauptsächlich in der in ihnen verbauten Elektronik und immens vieler Funktionen, von denen wir wahrscheinlich höchstens einen Bruchteil regelmäßig benutzen. Wenn man die Gehäuse von heute mit denen vergleicht, die berühmte Fotografen der Nachkriegszeit zur Verfügung hatten, um zum Teil ikonische Bilder zu schießen, wird schnell deutlich, dass wir technisch sehr verwöhnt sind. Bereits ein Gehäuse der günstigen Mittelklasse leistet wesentlich mehr, als man fotografisch »zum Leben« braucht.

Ausrüstung

Leider suggeriert einem die Industrie durch ständig neue Modelle mit »noch mehr Auflösung« (Megapixel, Baby!) oder »noch besserem Rauschverhalten« (ISO lässt sich nur noch durch noch mehr ISO toppen), dass wir mit dem nächsten neueren Gehäuse noch mehr erreichen können. Dabei beeinflusst das Gehäuse mit seiner Technik nur unwesentlich, ob ein Bild gut oder ein Hingucker ist. Historisch betrachtet ist das Profimodell von gestern oft das Amateurmodell von heute und wenn Sie damit zu Anfang gute Fotos machen konnten, können Sie das drei Jahre später immer noch.

Haben Sie Mut zur Lücke

Viel deutlicher wird ein gutes Bildergebnis von optischer Qualität beeinflusst. Leider sind absolut nicht alle Objektive so gut gebaut, dass sie scharfe und kontrastreiche Bilder abliefern. Gerade preiswerte Zoomobjektive, die heute mit digitalen Einsteigerkameras verkauft werden, lassen da oft zu wünschen übrig. Leider stellt man das häufig erst einige Zeit nach dem Kauf fest, wenn schon ein paar Bilder im Kasten sind. Ob es Geiz oder der Wunsch nach der eierlegenden Wollmilchsau ist – immer wieder laufen wir in die Falle, einen möglichst großen Brennweitenbereich möglichst vollständig und möglichst günstig abdecken zu wollen.

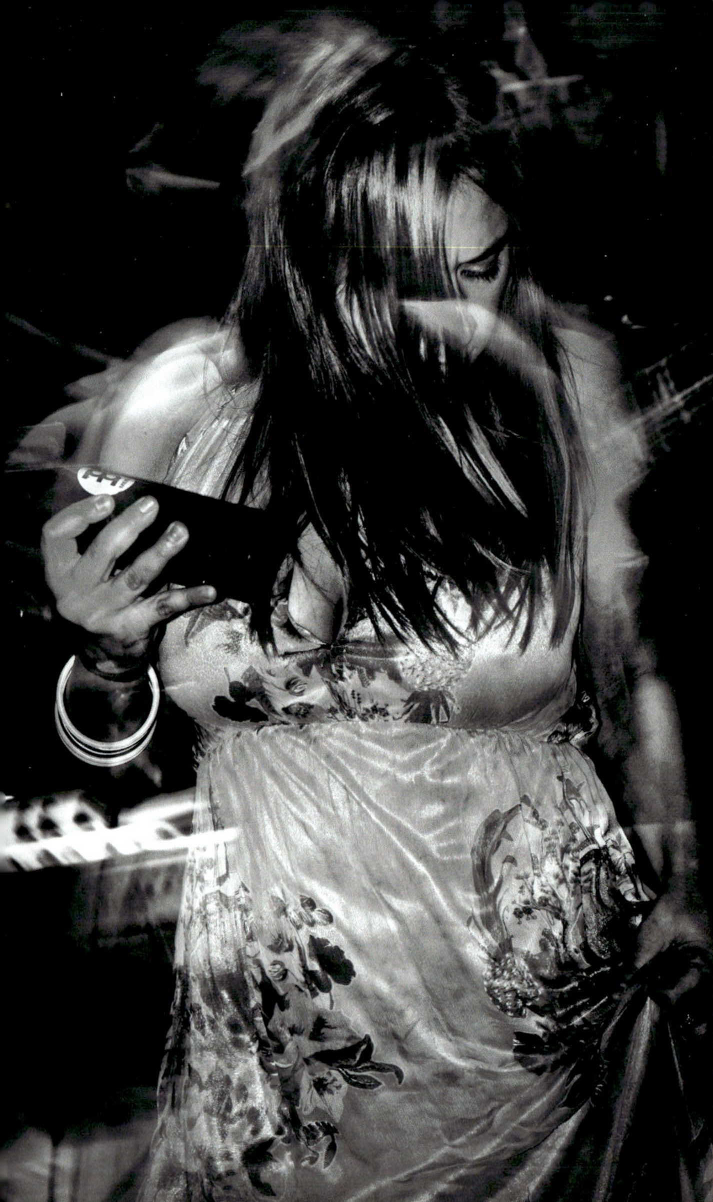

Abb. 2–6
Das Rauschverhalten meiner damaligen Kamera ließ oberhalb von ISO 400 doch stark zu wünschen übrig. Um das Beste aus der Lichtsituation herauszuholen, entschloss ich mich, mit langen Belichtungszeiten und dem gleichzeitigen Einsatz des kleinen Kamerablitzes zu experimentieren. Bei ISO 160, Blende 5 und einer Belichtungszeit von 1,5 Sekunden gelang ein Bild, das den Rhythmus der Musik und die Stimmung des Abends gut wiedergibt.

Leihen und Verleihen

Teilen, Tauschen, Haben

»Mein Haus – mein Auto – mein Boot.« Wahrscheinlich erinnern sich viele noch an die Werbung der Sparkasse in den 90er-Jahren, bei der ein Gespräch zwischen alten Bekannten nicht über das Herzeigen von Statussymbolen hinauskommt. Ähnlich kann es einem ergehen, wenn man anlässlich eines Fotostammtischs begeisterten Fotografen bei dem Vergleich und Vorzeigen ihrer Ausrüstung über die Schulter schaut: Mein teures Gehäuse, meine Objektivsammlung, mein Profi-Stativkopf. Wenn doch nur genauso bereitwillig die Ergebnisse von Fotoausflügen geteilt würden ...

Meins, meins, meins!

Leider geht mit dem großzügigen Vorzeigen von Objektiven, Blitzen und Funkauslösern selten genauso viel Großzügigkeit beim Verleihen und Probieren lassen einher. Zum Teil ist das sicherlich der Angst vor Beschädigungen geschuldet. Nicht jeder mag gerne das Lieblingsobjektiv, auf das man lange gespart hat, in fremde Hände geben. Das ist verständlich. Eine gute Möglichkeit, sich gegenseitig Equipment auszuleihen und auszuprobieren, sind Seminare und Workshops. Hier können Sie leicht in Kleingruppen mit Ihren Tauschpartnern losziehen, ein Auge auf Ihre Schätze haben und deren Funktionsweise und Besonderheiten erklären. Wenn es ein Geben und Nehmen ist, lohnt sich der Tausch für alle Beteiligten.

Auf diese Art und Weise kann man ein Wunschobjektiv leicht und praxisnah testen und spart sich so das Studium von Messkurven und langwierigen Testreihen (siehe auch den Abschnitt »Ich messe, also bin ich!«, Seite 25). Stattdessen tauscht man Erfahrungen anhand von Beispielbildern aus und lernt viel über Einsatzgebiete und Eigenschaften seines Objekts der Begierde. Ganz nebenbei lernen Sie dabei Menschen näher kennen, die die Fotografie genauso lieben wie Sie. Menschen, von denen Sie etwas lernen oder mit denen Sie an gemeinsamen Projekten arbeiten können. Geben Sie Ihrem inneren Dagobert einen Schubs und teilen Sie mit anderen den Spaß an Ihren Schätzen. Wenn Sie andere teilhaben lassen, werden Sie nichts verlieren. Im Gegenteil.

Teilen, Tauschen, Haben

Teilen Sie Ihr Wissen

Die Zeiten, als uns Fotografen viele Hindernisse von der Veröffentlichung unserer Bilder abhielten, sind vorbei. Heute ist es einfacher denn je, mit Meinungen, Aktionen, Texten oder Bildern die Öffentlichkeit zu suchen. Sie könnten ein Weblog schreiben oder einen Podcast aufnehmen. Sie könnten alleine oder mit Freunden einen Fotospaziergang mit selbstgewählten Aufgaben organisieren und diesen auf Facebook oder in Foren ankündigen und so Mitstreiter suchen.

Klingt nach einer Menge Arbeit, finden Sie? Stimmt, ganz ohne Aufwand wird es nicht gehen – und schlimmer noch, es gibt in den seltensten Fällen Geld dafür. Eine Verlustrechnung ist es dennoch nicht. Sie werden mit hoher Wahrscheinlichkeit durch Ihren Einsatz Gleichgesinnte treffen, die vielleicht Lust auf gemeinsame Unternehmungen haben. Sie können sich über Fotografie austauschen, Bilder besprechen und sich gegenseitig an Ihrem Wissen teilhaben lassen. Klingt eigentlich ganz gut, meinen Sie nicht? Was hält Sie also davon ab?

1. **Ich bin keine Autorität auf meinem Gebiet**
   Wie sollten Sie das auch sein, wenn Sie sich nicht sichtbar machen und ganz alleine auf Ihrem Wissen herum brüten. Wer eine Autorität ist, entscheiden ohnehin nicht Sie, sondern immer die anderen. Kein Mensch wird als Autorität geboren – diesen »Titel« bekommen Sie erst dann, wenn Sie beginnen, Ihr Wissen mit anderen zu teilen.

2. **Ich bin ganz schlecht darin, Wissen zu vermitteln**
   Niemand erwartet, dass Sie ein Schulbuch schreiben. Es reicht, wenn Sie von Ihren eigenen Erkenntnissen und Erfahrungen erzählen und schildern, was Sie daraus gelernt haben. Die Wahrscheinlichkeit, dass andere schon mal an denselben Dingen geknobelt haben, ist recht hoch. Ihr Wissen, Ihre Erfahrung, kann andere dazu bringen, eventuelle Fehler gar nicht erst zu machen, oder zumindest verhindern, dass sie sie zweimal machen.

Teilen, Tauschen, Haben

3. **Ich bin nicht interessant und nicht gut genug**
   Hier liegen die Dinge ähnlich wie bei der Autorität. Was für andere interessant ist, entscheiden nicht Sie. Aber wenn Sie ein Motiv, eine Aufgabe oder eine Szene interessant und spannend genug gefunden haben, um sich damit zu beschäftigen – warum sollte es anderen nicht ähnlich gehen? Finden Sie es heraus und legen Sie dabei gleich noch Ihren Perfektionismus ab.

Sie haben Angst, sich zu blamieren? Natürlich kann es passieren, dass Sie mit Ihren Bildern oder Ihrer Meinung anecken. Und das ist nicht einmal etwas Schlechtes. Diskussionen entstehen in der Regel nicht durch Konsens, sondern durch Irritation. Es ist auch gar nicht schlimm, wenn nicht alle Ihrer Meinung sind oder manche Ihre Bilder nicht mögen. Durch die Rückmeldungen – sofern diese konstruktiv sind – bekommen Sie wertvollen Input, aus dem wiederum Sie etwas lernen können. Und die paar Miesepeter, von denen Sie nichts lernen können oder wollen, lassen Sie einfach links liegen. In der Regel werden Ihre Leser oder Zuhörerinnen die gute Absicht und das Teilenwollen anerkennen und es entsteht eine Atmosphäre, in der ein guter Austausch wachsen kann.

4. **Keiner wird es lesen oder mir zuhören**
   Das mag sein. Aber das werden Sie erst herausfinden, wenn Sie es tun. Und geben Sie der Sache Zeit – Sie werden nicht gleich beim ersten Artikel in Ihrem Weblog oder beim ersten Bild, das Sie in einem Forum einer Fotoplattform posten, Tausende von Lesern und oder Betrachtern haben. Hier punkten Sie mit Regelmäßigkeit und Ernsthaftigkeit. Wenn Sie Dialog und Austausch wirklich wollen, werden Sie ihn auch bekommen.

5. **Wieso sollte ich ohne Gegenleistung etwas weitergeben, das ich eigentlich auch verkaufen könnte?**
   Wer etwas wirklich beherrscht, kann sich immer auf sein Können verlassen. Und weil das so ist, können Sie auch andere daran teilhaben lassen, ohne etwas zu verlieren. Besonders gut funktioniert das, wenn es auf Augenhöhe geschieht und nicht alleine durch den Wunsch nach Anerkennung motiviert ist. Sie können aus der Reaktion der anderen etwas über Ihre Fotografie oder sich selbst erfahren.

6. **Wissen ist Macht, aber Wissen weitergeben macht auch nichts**
   Wissen wird nicht weniger, wenn man es teilt. Seit ich über Fotografie nicht nur im stillen Kämmerlein nachdenke, sondern Podcasts produziere oder Dinge zu Papier bringe, habe ich viel dazugelernt – durch Rückmeldungen meiner Hörer und Hörerinnen, durch Kommentare in meinem Blog oder durch Themenwünsche, die an mich herangetragen werden. Das alles zwingt mich zu einer tieferen Auseinandersetzung mit einem Thema – und ehe ich mich versehe, habe ich ganz nebenbei schon wieder interessante Wissensschnippsel, Techniken oder Literaturtipps aufgesammelt, die mich weiterbringen. Mein Wissensschatz wächst und dieses Mehr kann ich erneut weitergeben.

Teilen, Tauschen, Haben

Probieren Sie es aus. Mit einer gesunden Neugier bewaffnet, haben Sie alles Nötige an der Hand, um diese Spirale aus Wissen teilen und (mehr) Wissen zurückbekommen beliebig lange in Bewegung zu halten.

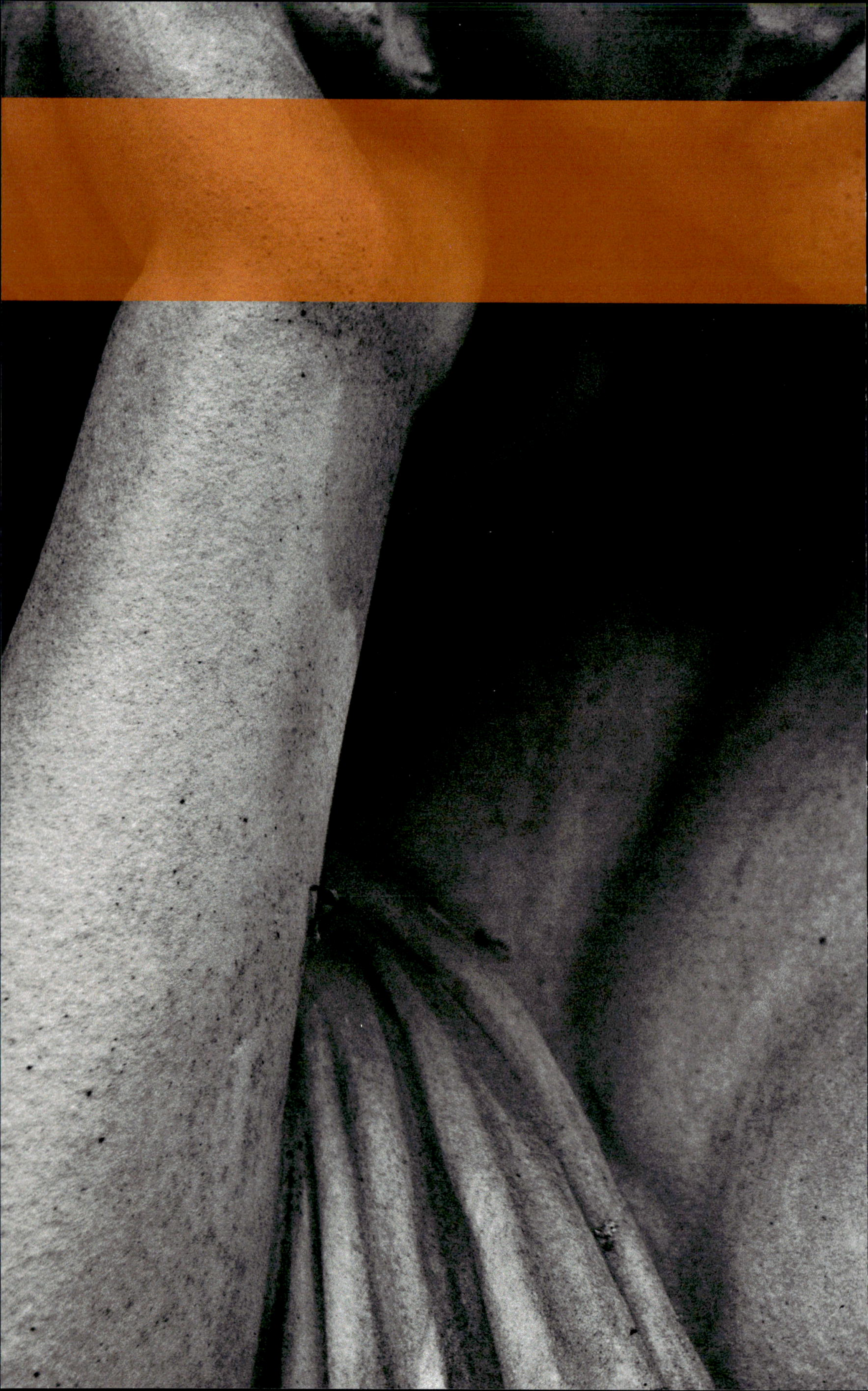

Kapitel 3

Luxuria – Wollust

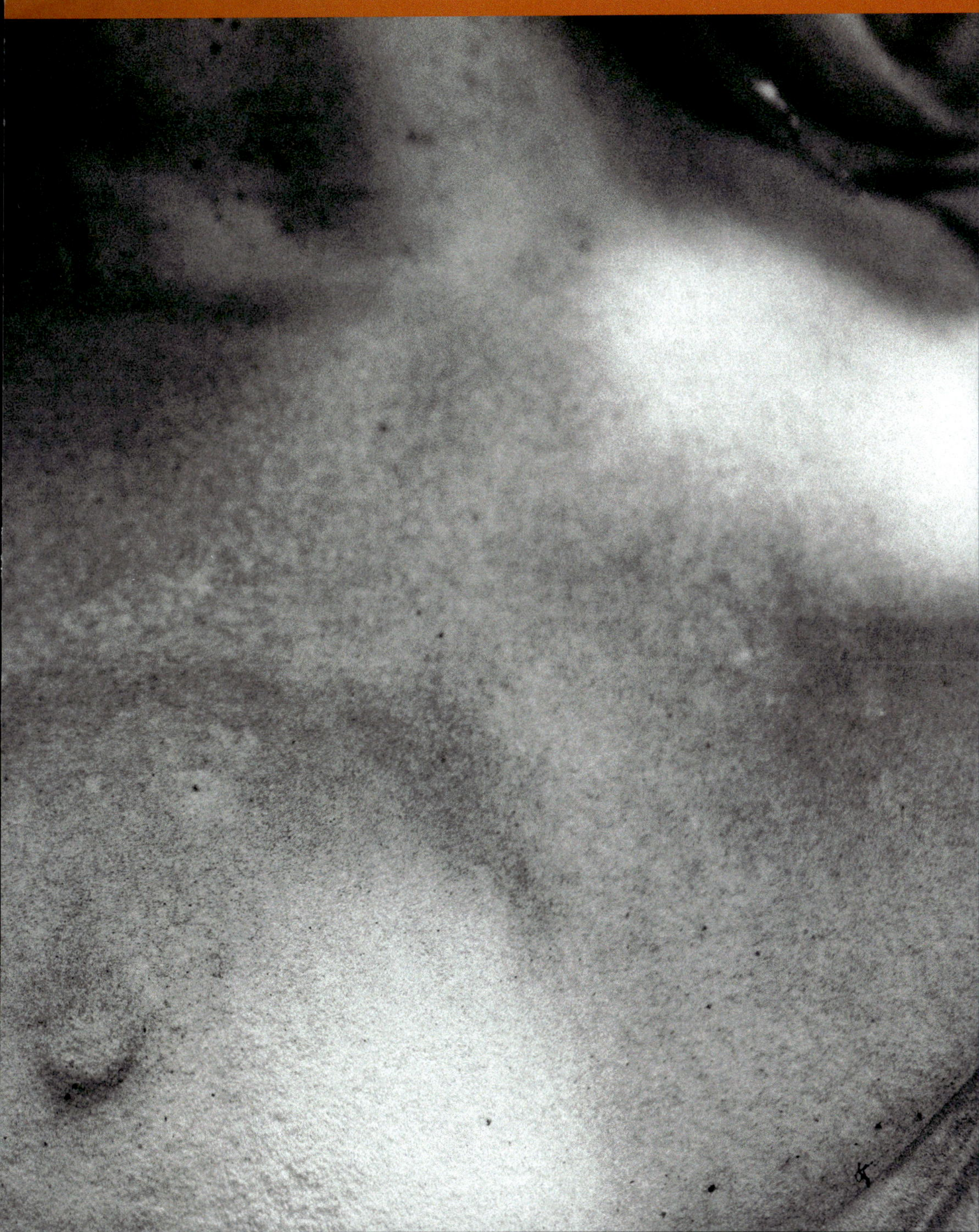

Wer an die Todsünde der Wollust denkt, denkt zunächst einmal an Unkeuschheit, sexuelle Handlungen und Fantasien. Das liegt daran, dass wir auch die Keuschheit – beziehungsweise deren Fehlen – meist mit fleischlichen Begierden gleichsetzen.

Geht man jedoch dem Ursprung des Wortes nach, stellt man schnell fest, dass es eigentlich um etwas anderes geht: Das deutsche Wort »keusch« stammt vom mittelhochdeutschen Begriff »kiusche« ab, welcher wiederum vom lateinischen »conscius« abgeleitet ist. »Conscius« heißt: mitwissend, eingeweiht, bewusst. Kann ich mir noch nicht viel unter keuschem Fotografieren vorstellen, leuchtet es mir umso mehr ein, Dinge, die ich liebe, bewusst – das heißt mit Herz und Verstand – zu tun, statt mich wahllos der Ausschweifung hinzugeben. Gerade im Hinblick auf Weiterentwicklung und beständiges Lernen scheint das sinnvoll zu sein.

Und so gefällt mir – gerade in Bezug auf die Fotografie – folgende Formulierung von Anselm Grün besonders gut: »Keusch ist [...] ein Mensch, der innerlich klar ist, der ein Gespür hat für das Richtige.[3] [...] Unkeuschheit meint dann die Unklarheit. Sie trübt unser Denken und Fühlen. Wir sehen uns selbst und die anderen nicht mehr klar.« Oder auch – mit den Worten von Simon Blackburn: »Der Wollust geht es nur um das eigene Vergnügen, sie ist ungestüm, unduldsam gegenüber jeder Art von Beherrschung [und] immun gegen alle Vernunft.«[4]

Zieht man das in Betracht, wundert es nicht, dass in manchen Formulierungen der sieben Todsünden Luxuria nicht alleine mit Wollust, sondern auch mit Ausschweifung übersetzt wird. Das geht vermutlich auf Thomas von Aquin zurück, der die Wollust ebenfalls nicht auf geschlechtliche Fragen reduziert sehen wollte.

Wer leidenschaftlich gerne fotografiert, sieht darin sicher nichts Verwerfliches – warum auch? Und dennoch scheint es recht vielfältige Facetten der Fotografie zu geben, auf die sich unsere Begierde konkret richtet. Mal ist es die Fotografie als Ausdrucksmittel, mal das Austoben auf einer großen technischen Spielwiese. Für den einen ist es die Möglichkeit, Kreativität zu leben, für den anderen die Chance, leicht und reichlich Bewunderung einheimsen und sich dadurch aufwerten zu können.

In den folgenden Abschnitten gehe ich einigen dieser Aspekte nach und spüre den Grenzen zwischen Freude am Fotografieren, dem Schwelgen in Motiven und dem gedankenlosen, weil unreflektierten Ansammeln von Aufnahmen nach. Wo sind wir ganz bei uns und unserer Lieblingsbeschäftigung, wo gleiten wir ab in fotografische Ausschweifung?

Genießen Sie den Flow

Das dringende Bedürfnis, uns auszudrücken, kann uns auch in der Fotografie maßlos machen. Wir füllen Speicherkarte um Speicherkarte oder ziehen eine Rolle Film nach der anderen durch. Sich selbst im Akt des Fotografierens zu vergessen, ist etwas, das einem in jedem Ratgeber für kreatives Arbeiten nahegelegt wird. Es ist eine gute Maßlosigkeit – ein Zustand, nach dem man sich sehnt. Die Zeit komplett zu vergessen, während wir unserem Hobby nachgehen, ist etwas, das jeder gerne könnte. Leider ist es nämlich nicht so leicht und selbstverständlich, in den Zustand des Flows hineinzufinden. Flow bedeutet zu fotografieren, ohne ständig aufs Display zu blicken. Motive in allem zu finden, auf was wir unser Auge werfen, und Bild um Bild einzufangen, ohne darüber nachzudenken, was hinterher alles an Dateien beurteilt und bearbeitet werden will. Lieber dranbleiben und sich dem Bewusstseinsstrom hingeben. Später ist immer noch Zeit, zu den Bildern zurückzukehren.

Im kreativen Prozess

George Orwell hat in seinem berühmten Essay »Why I write«[5] einmal die Gründe beleuchtet, aus denen sich sein unbändiger Wunsch zu schreiben ableitet.

1. Sheer egoism
2. Aesthetic enthusiasm
3. Historical Impulse
4. Political Purpose

Die meisten seiner Gründe dürften sich mit denen vieler Fotografinnen und Fotografen decken – vielleicht liegt da ja der Ausgangspunkt für ausschweifendes Fotografieren. Der Versuch einer Übersetzung für uns, die wir über Bilder kommunizieren:

1. **Schierer Egoismus**
   Jetzt mal ganz ehrlich, wer hat ihn nicht, den Wunsch, clever und kreativ zu erscheinen? Jeder fühlt sich doch geschmeichelt, wenn andere über das reden, was man geschaffen hat. Wenn das keine starke Motivation ist, sich mit viel Lust und Hals über Kopf in die Fotografie zu stürzen.

2. **Ästhetischer Enthusiasmus**
   Die Wahrnehmung von Schönheit in allem, das uns umgibt, ist oft genug Anlass, die Kamera zum Auge zu führen und abzudrücken. Wir finden sie später auch in unseren Bildern, ganz gleich ob als Einzelbild oder in der Serie. Wir haben das Bedürfnis, anderen mitzuteilen, wie wir die Welt sehen. Wir können uns an cremiger Unschärfe genauso ergötzen wie an der zeitlosen Schönheit klassischer Schwarzweißbilder. Dem Liebhaber analoger Fotografie geht nichts über die Haptik eines Silbergelatine-Abzugs auf edlem Barytpapier.

3. **Geschichtlicher Impuls**
   Das Bedürfnis, die Dinge, so wie sie heute sind, abzubilden und für sich selbst einen Sinn darin zu erschließen. Der Wunsch, die Wirklichkeit zu dokumentieren und Klarheit zu finden.

Im kreativen Prozess

4. **Politische Absicht**
   Bilder sind ein starkes Kommunikationsmittel. Wir können durch Bilder Dinge bewegen, wenn sie den Finger – quasi visuell – in die Wunde legen. Dadurch haben wir die Möglichkeit, die Lust auf Fotografie zusammen mit unserem Zorn oder Unmut über Zustände kreativ zum Zwecke der Veränderung zu nutzen.

Wenn fotografische Wollust und Ausschweifung sich Bahn brechen, ist das schön. Aber wie lange sollten wir uns dieser Wollust hingeben, bevor wir uns zwingen, etwas anderes zu tun? Wann ist es Zeit, die Bilder sich setzen zu lassen und eine Distanz zu dem Ergebnis unseres Flows zu entwickeln. Wann kommen wir wieder und beurteilen, was wir geschaffen haben? Müssen wir das überhaupt? Gibt es einen Zwang zur Selbstkontrolle und dazu, mit etwas anderem weiterzumachen?

Halten Sie bewusst inne

Es gibt ein Problem mit »Flow«, diesem heiligen Gral des kreativen Arbeitens: Nicht immer gelüstet es uns danach, allen Stadien des fotografischen Prozesses die gleiche Aufmerksamkeit zu schenken. Bei mir selbst kann ich zum Beispiel beobachten, dass das Entwickeln und Scannen meiner Filme oder das Nachbearbeiten meiner digital geschossenen Bilder deutlich weniger Wollust abbekommen als der Akt des Bilderaufnehmens. Bei der Nachbearbeitung seufze ich selten vor Hingebung, während ich mich im Ablichten einer Location oder beim Fotografieren auf einer Reise durchaus verlieren kann. Es ist leicht, sich diesem einen Schritt hinzugeben und Bild um Bild zu einer Bildstrecke hinzufügen. Es fällt nicht schwer, immer weitere Aufnahmen zu planen und vor meinem inneren Auge eine Doppelseite für ein Magazin zu gestalten. Es fällt mir ungleich schwerer, diese Projekte auch zu Ende zu bringen, meine Bilder nicht nur zu machen, sondern auch zu entwickeln (sei es in Chemie oder digital) und einer kritischen Durchsicht zu unterziehen.

Im kreativen Prozess

Ich habe oft keinen Antrieb dazu, die guten Schüsse von den schlechten zu trennen und eine Auswahl zu treffen. Es kommt selten genug vor, dass ich so richtig in diesen (natürlich rein positiv belegten) Flow abtauchen kann, warum sollte ich zu den ernsten Dingen im Leben zurückkehren, die Arbeit machen? Arbeit, aus meinen Fehlern zu lernen und die Entwürfe in einen vorzeigbaren Zustand zu versetzen. Denn in diesem Zustand bin ich an Revision und Kritik nicht interessiert. Ich will mich in diesem guten Gefühl, etwas erschaffen bzw. geschafft zu haben, treiben lassen. Dabei habe ich den Schaffensakt im Grunde noch gar nicht richtig zu Ende gebracht.

Und so bleiben viele Bilder erst einmal unentwickelt oder die Projekte verweilen im Stadium des Entwurfs. Ein paar Bilder hängen zum Trocknen von der Leine, andere schlummern auf meiner Festplatte, wenige haben schon ihren Weg ins Internet, zum Beispiel auf eine Fotosharing-Plattform, gefunden. Und während das eine Projekt noch müde vor sich hindümpelt, lockt schon das nächste am Horizont, zum Beispiel in Form der nächsten Reise. Da werden Filme bestellt, Recherchen gemacht und im Geiste wird die Fotoausrüstung gepackt. Die nächste Idee oder das nächste Reiseziel reizen mehr als das Beenden der angefangenen Arbeit. Ich habe einen ganzen Stapel solcher angefangenen Fotostrecken und falls ich nicht hinterherkomme, werden aus WIPs (Works in Progress) schnell

UFOs (unfinished objects). Irgendwann verstecke ich die angefangenen Projekte dann entweder physisch in einer dunklen Ecke meines Schranks oder virtuell in einem Ordner auf meiner Festplatte – meine ganz persönliche Area 51.

Ein anderes Dilemma mit unserer Ausschweifung ist, dass wir Fotografen oft wenig wählerisch sind und Lust auf alle möglichen Aspekte unserer Lieblingsbeschäftigung haben. Das macht das Priorisieren mitunter schwierig. Es gibt Zeiten, da gelüstet es mir nach allem, was mir mögliche Fotografieranlässe liefern kann – Bücher über Kreativität im Allgemeinen, beeindruckende Fotobände oder Magazine über kreatives Schreiben (ob Sie es glauben oder nicht, da steckt auch viel Interessantes für andere Disziplinen drin). Habe ich deshalb schon ein einziges Bild gemacht? Nein! Ich habe so zahlreiche Bookmarks auf Blogs, Fotos oder interessante Tools, dass ich sie schon mithilfe von Apps sortieren und katalogisieren muss. Sie alle zu lesen, würde vermutlich Monate dauern (in denen ich nicht fotografieren könnte). Natürlich unterstützen mich all diese Quellen darin, mir Anregungen zu verschaffen. Ich muss mich allerdings regelmäßig motivieren, aus diesem meinem Lesezirkel auszubrechen und den Input auch zu nutzen. Alleine in der Kreativität anderer zu schwelgen und dort zu verharren, macht mich nicht produktiver.

Im kreativen Prozess

Damit Wollust im Sinne von Ausschweifung nicht deckungsgleich mit Abschweifung wird, sollten Sie Ihre Bilder regelmäßig »besuchen« und sich kritisch mit ihnen auseinandersetzen. Überlegen Sie, was Sie gut finden und was Sie anders machen würden. Was ist Ihnen passiert, während Sie die Bilder aufgenommen haben? Gibt es Geschichten, die Sie dazu erzählen könnten? Es lohnt sich, diese Gedanken zu notieren. Vielleicht liegt hier der Ausgangspunkt für neue Projekte oder auch für Ideen, wie die Bilder später angeordnet beziehungsweise präsentiert werden. Gehören manche in eine Serie? Sollte man sie einzeln oder vielleicht als Diptychon oder gar Triptychon zeigen. Gibt es Schüsse aus anderen Serien, die zu den aktuellen Aufnahmen passen würden? Die Möglichkeiten, auch nach der Aufnahme mit Ihren Bildern kreativ zu arbeiten, sind mannigfaltig. Mit ein bisschen Disziplin und Übung können wir es schaffen, den kreativen Flow auch in die anderen Phasen des kreativen Prozesses herüberzuretten.

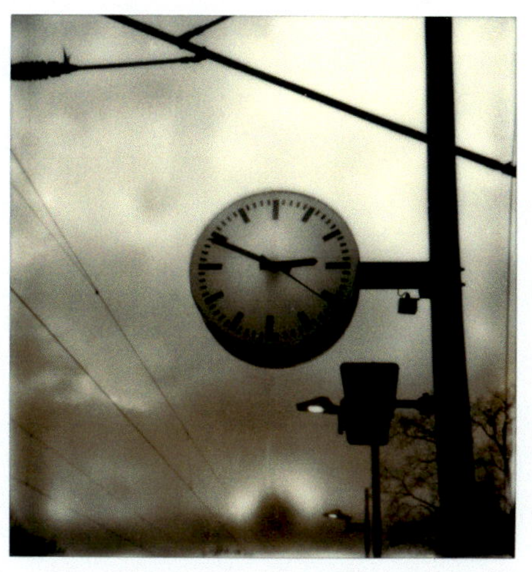

Abb. 3–1
Diese beiden Sofortbilder zum Thema Verkehr wirken erst gemeinsam wirklich vollständig.

Ein Diptychon ist ein zweigeteiltes Bild. Man gruppiert zwei (verschiedene oder identische) Fotos, die zusammen eine andere oder höhere Aussage transportieren. Ein Diptychon kann zwei ähnliche oder völlig unterschiedliche Bilder miteinander kombinieren. Diese Bildpaare wirken oft stärker als das Einzelbild und können gemeinsam eine Geschichte erzählen.

Verbinden Sie Effekte mit Inhalten

Bedient man gelegentlich eine Suchmaschine, um nach Artikeln über Digitalfotografie und den dort gesammelten Tipps und Tricks zu suchen, fällt einem schnell auf, dass es da Schwerpunkte zu geben scheint:

Klischees

»Analog-Effekte für Digitalfotos: So bringen Sie Leben in Ihre Bilder«, »Foto-Tipp – Mitzieh-Effekt« oder »Finden Sie die richtigen Kameraeinstellungen für einen cremigen Unschärfeeffekt«.

Effekte haben offenbar Hochkonjunktur: Lochkamera-Effekt, High-Key-Effekt, Low-Key-Effekt, Fischaugen-Effekt, Weichzeichner-Effekt und Color-Key-Effekt sind nur ein paar Beispiele aus dem großen

Arsenal von Techniken aus der Fotografie, die immer häufiger auf einen »Look« reduziert werden. Wir schwelgen in dem, was durch Einstellungen, Kameratypen und Softwareunterstützung möglich ist, und können uns an vielen visuellen Phänomenen gar nicht sattsehen. Befeuert wird die Lust auf Effekte durch Smartphone-Apps wie Hipstamatic oder Fotoplattformen wie Instagram, wo Verfremdungen der gemachten Aufnahmen nur einen Wisch auf dem Smartphone entfernt sind.

Bei mir erwecken viele Umsetzungen allerdings den Eindruck, als sei der Aspekt der technischen Umsetzung – und die Frage, wie weit ich die Methode treiben kann – wichtiger als das Bemühen um einen individuellen und persönlichen Zugang zu einer Szene oder zu einem Motiv.

Klischees

Ein Paradebeispiel für das geradezu inflationäre Auftreten einer Technik und deren Reduktion auf einen publikumswirksamen Effekt ist die HDR- oder High-Dynamic-Range-Fotografie. Ein HDR-Bild ist ein digitales Bild mit hohem Dynamikumfang, welches auch große Helligkeitsunterschiede detailreich wiedergibt. Eingesetzt wird diese Technik unter anderem deshalb, weil die Farbtiefe der meisten digitalen Aufnahmen oftmals nicht ausreicht, um die in natürlichen Szenen vorkommenden Helligkeitsunterschiede adäquat wiederzugeben. Das menschliche Auge kann dagegen – zusammen mit unserem Gehirn – diesen Kontrastumfang in der Regel problemlos bewältigen. Wird ein HDR-Bild richtig und mit Augenmaß erstellt, kommt es dem Eindruck sehr nahe, den der menschliche Wahrnehmungsapparat von einer Szene hat.

Um ein HDR-Bild zu erzeugen, wird eine Szene zunächst als Belichtungsreihe aufgenommen. Dabei sollte jede Bildregion in mindestens einem der Einzelbilder korrekt belichtet sein. Anschließend werden die einzelnen Aufnahmen in einem Bildbearbeitungsprogramm oder einer spezialisierten HDR-Software kombiniert. Um

Abb. 3–2

Eine russisch-orthodoxe Kirche in all ihrer (Farben-)Pracht angemessen abzubilden, ist gar nicht so einfach. Hier ist es durchaus sinnvoll, auch fotografisch etwas dicker aufzutragen. Dieses HDR-Panorama zeigt die ganze Farbpalette des Innenraums, ohne durch übertriebene Kontraste oder Farbsäume negativ aufzufallen. (Foto: Chris Marquardt)

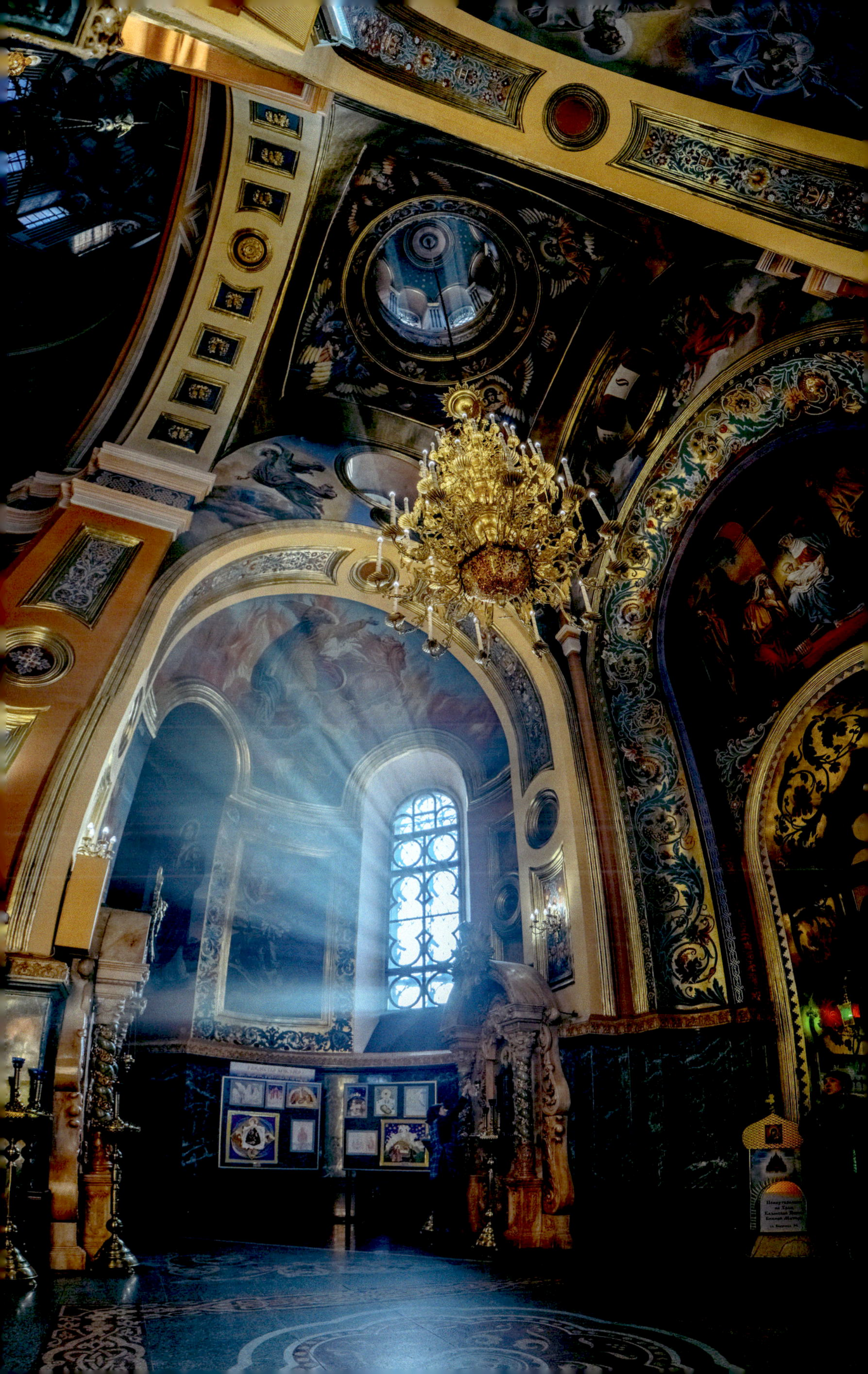

dieses Bild anschließend auf herkömmlichen Ausgabegeräten darstellen zu können, wird durch das sogenannte Tone-Mapping der Kontrastumfang eines Hochkontrastbilds wieder verringert.

Ein mögliches Problem bei der Darstellung von HDR-Bildern sind sogenannte Halo-Artefakte – Kontrastsäume, die beim Tone-Mapping mit einfachen oder veralteten Tone-Mapping-Verfahren entstehen können. Außerdem ist es meistens Sache des Softwarenutzers, zu entscheiden, wie er in seiner HDR-Software die Parameter einstellt. Das verleitet mitunter dazu, HDR als reinen Look zu verstehen und mit »alle Regler auf Anschlag« Bilder zu erstellen, die nicht nur von Halos, sondern auch von übersättigten Farben und seltsam anmutenden Kontrasten geziert werden. Man kann das künstlerische Freiheit nennen. Im Netz werden diese Bilder oft wenig liebevoll als »Clownkotze« bezeichnet.

Klischees

High-Dynamic-Range-Fotografie und Tone-Mapping sind geeignete Ansätze, um an Stellen, wo ich mehr Dynamikumfang *brauche*, wo ich bildwichtige Dinge zeigen will, die sonst verborgen wären, buchstäblich Licht ins Dunkle zu bringen. Für mich sind diese Techniken immer ein Mittel zum Zweck. Um die sinnvoll einsetzen zu können, braucht es jedoch eine Idee und eine Absicht. Sie pauschal auf jedes Bild anzuwenden, das ich schieße, nur weil es zum Beispiel eine Nacht- oder Landschaftsaufnahme ist, bedeutet, in Beliebigkeit abzugleiten. HDR zu beherrschen, heißt nicht, plötzlich auf eine gute Bildkomposition oder einen sauber sitzenden Fokus verzichten zu können. Auch profitiert nicht jedes mittelmäßige Bild davon, dass ich vier oder bis zu elf unterschiedlich belichtete Aufnahmen zu einem Bild zusammenfüge. HDR kann aber eine Möglichkeit sein, ein ohnehin schon gutes Bild noch besser zu machen.

Leider sind Aufnahmen, die sich alleine auf eine moderate Farbpalette beschränken und die auch einmal auf Effekte verzichten, weniger auffällig und erhalten dementsprechend weniger begeisterte Zurufe. Und so ist es nicht einfach, sich von der Droge übersättigter HDRs loszusagen, wenn einem dafür die Bewunderung nur so zufliegt. Bei jedem Upload ins Internet hagelt es begeisterte Kommentare von »Megageil« bis »Wahnsinn, wie du das nur immer machst«. Wer möchte sich nicht wollüstig darin suhlen? Und so verfestigt sich ein Schönheitsideal für Aufnahmen, das sich mit jeder weiteren, noch detaillierteren HDR-Ausarbeitung immer mehr zementiert: Geheimnisvolle dunkle Ecken darf es nicht mehr geben.

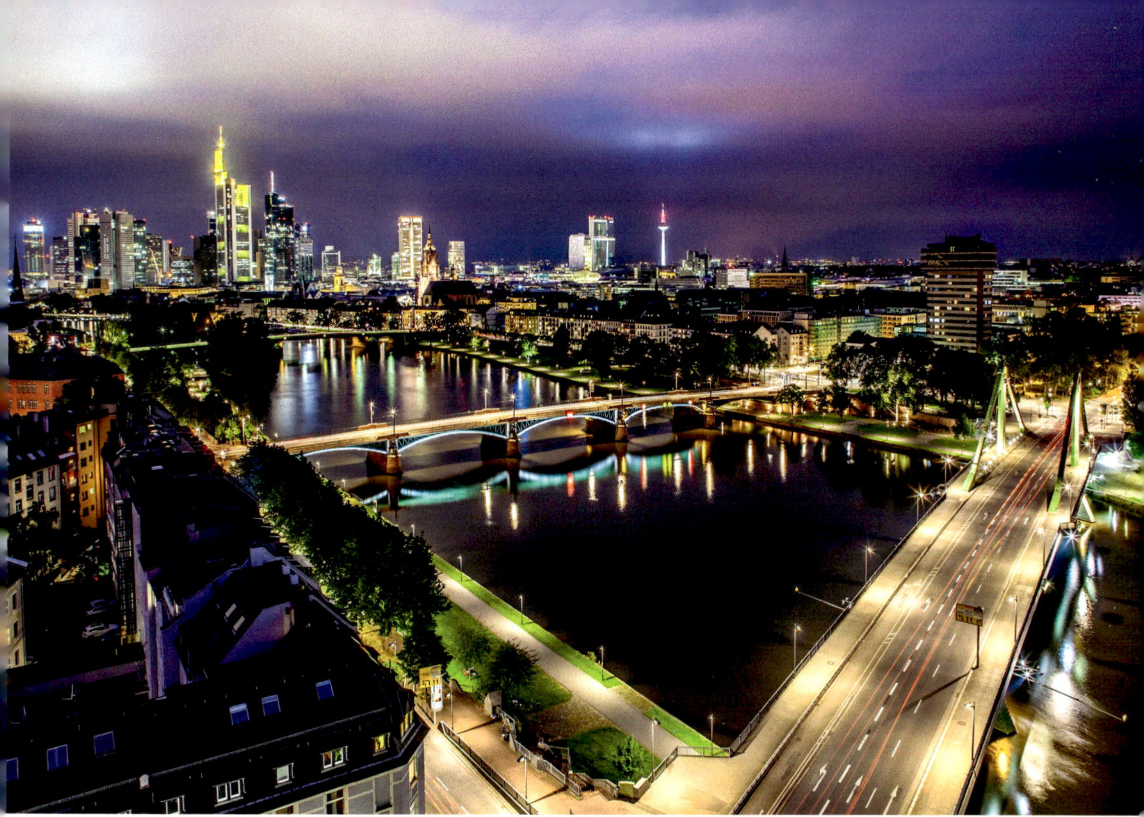

Abb. 3–3 *Dieses Beispielbild der Frankfurter Skyline zeigt in Ansätzen, wo es hingehen kann, wenn man es mit dem Spiel an den Reglern der HDR-Software übertreibt. Die Farben sind unnatürlich satt und rund um die Gebäude zeigen sich erste Kontrastsäume. Ob einem das gefällt, ist sicherlich Geschmacksache – mit dem, was die Augen im Moment der Aufnahme gesehen haben, hat diese Aufnahme aber nicht mehr viel zu tun.*

Farben müssen leuchten. Extreme Tonwerte werden immer mehr gemittelt, so dass jedes noch so feine Detail im Bild sichtbar wird. Und warum? Weil wir es können.

Shakespeare's Pen

Interessanterweise ist uns allen klar, dass niemand von uns alleine dadurch zum Literaten wird, dass er einen besonderen Stift oder Füllfederhalter geschenkt bekommt. Wenn wir diesen Füller dazu benutzen – wie in der Grundschule, unzählige Reihen und Seiten mit Buchstabenkolonnen zu füllen, wird sich wahrscheinlich nach und nach unsere Handschrift verbessern. Bessere Geschichten werden wir aber erst dann erzählen, wenn wir den Stift regelmäßig dazu nutzen, unsere Gedanken zu formulieren und unseren Alltag zu skizzieren. Nur so können wir allmählich unsere Wahrnehmung

Klischees

Man kann den nackten Menschen in seiner ganzen Schönheit, seiner ganzen Stärke oder auch in seiner Verwundbarkeit zeigen. Jeder dieser Ansätze gefällt mir. Mich stören nur Posen, die durch nichts motiviert sind, außer einen nackten Körper im Sinne einer Kartografie von Körperarealen oder Geschlechtsteilen zu präsentieren. Es ist in Ordnung, wenn Sie für ein medizinisches Lehrbuch fotografieren. Es ist ebenso in Ordnung, pornografische Bilder zu machen. Aber dann sind es für mich Nacktbilder, nicht Aktbilder. Was gerade auf dem Programm steht, sollte zu jeder Zeit dem Fotografen und dem Model bekannt sein.

Sie können Aktfotografie tatsächlich keusch betreiben – und dazu müssen Sie das Model nicht ankleiden. Es reicht, dass Sie sich bewusst machen, was Sie mit einem Bild erreichen und zeigen wollen. Reden Sie nicht von Akt, wenn Sie Porno meinen. Motivieren Sie Posen und Lichtsetzung. Sagen Sie mit dem Bild, worum es Ihnen geht. Klassischer Vollakt in Schwarzweiß oder Fetischfotografie – beides hat seinen Platz und seine Berechtigung, aber es wäre schön, wenn das eine nicht als das andere verkauft würde.

Klischees

Suchen Sie Nähe statt Exotik

Da ich mich hauptberuflich mit anderen Dingen als Fotografie beschäftige, kann es passieren, dass ich oft lange weder Zeit noch Muße noch Inspiration habe, um mit der Kamera loszuziehen. Und weil das so ist, sind für mich Reisen immer wieder ein willkommener Anlass, reichlich Film zu »verschwenden« und mich von einer neuen Umgebung und fremden Kulturen inspirieren zu lassen. Das birgt Potenzial für eine Menge Spaß und Lernoptionen, hat aber auch seine Tücken.

Ich weiß zum Beispiel, dass ich für kreatives Arbeiten in der Regel Zeit brauche – gerne sogar eine große Portion Langeweile. Es ist nicht unbedingt ein Garant für gute Ergebnisse, plötzlich und auf Knopfdruck die Gedanken an Arbeit und Alltag wegzuschieben und stattdessen gestalterisch tätig werden zu wollen. Meist habe ich in diesen Fällen erhebliche Anlaufschwierigkeiten. An einer Sache fehlt es aber selten – und das ist Motivation. Wenn ich in ein Land komme, das ich nicht kenne – ganz egal, ob Norwegen oder Äthiopien – so löst das für mich Ungewohnte, das von meinen Sehgewohnheiten Abweichende, von ganz alleine den Wunsch aus, das Gesehene und Erlebte in Bildern festzuhalten.

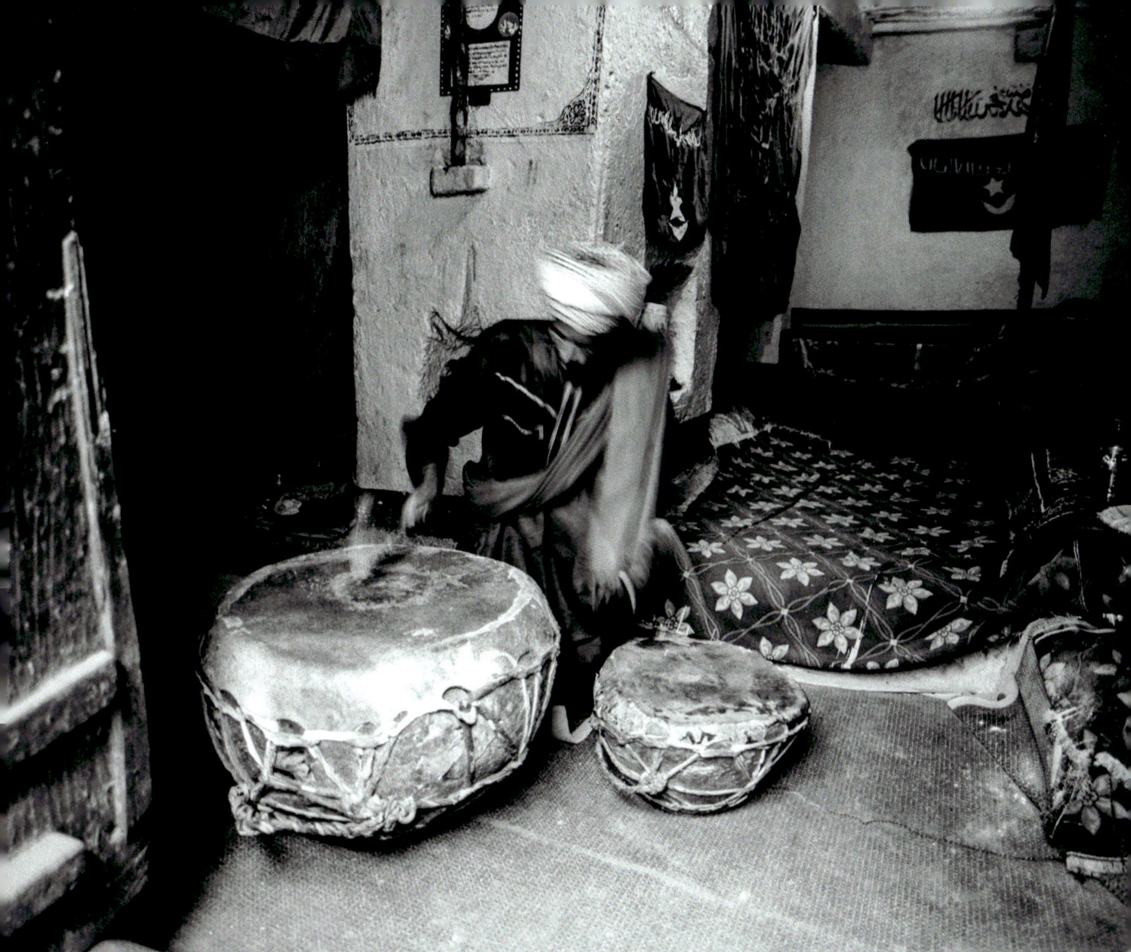

Abb. 3–4 *Ich traf diesen Trommler in Äthiopien, am Morgen nach einem religiösen Festival und nach einer durchtrommelten Nacht. Er bedauerte, dass wir zu spät dran waren, um ihn noch live zu erleben, und gab uns ungefragt eine Zugabe.*

Klischees

Reisefotografie ist für mich ein weites Feld, mit manchen Aspekten aus dem Spektrum fühle ich mich komfortabel, andere muss ich mir mühevoll erarbeiten. Wenn ich an einem neuen Ort angekommen bin, wecken die unterschiedlichsten Dinge mein Interesse, Architektur, Landschaften, Technik, Details genauso wie geschäftige Marktszenen. Bei allem, was unbelebt ist und mir nicht wegläuft, kann ich mir leicht und in Ruhe das Motiv so zurechtlegen, wie es mir am geeignetsten erscheint. Dann habe ich Zeit, mir zu überlegen, was mich daran anzieht. Ist es die Tatsache, dass es so anders ist als Zuhause oder eher eine so nicht erwartete Ähnlichkeit aufweist, flankiert von winzigsten Abweichungen? So kann ich mir zurechtlegen, welche Geschichte ich erzählen möchte, auf welche Dinge ich hinweisen möchte.

Meiner Meinung nach kann man kein Land porträtieren, ohne auch die Menschen einzubeziehen. Wenn ich ein Land nur durch die Abbildung von Gegenständen, Landschaften und Bauten wiedergebe, entziehe ich ihm das Leben. Das, was es ausmacht. Leider fällt es mir immer noch schwer, Menschen zu fotografieren. Es fällt mir umso schwerer, je größer die kulturelle Kluft zwischen uns ist – und das, obwohl der Reiz des Motivs genau dann immer größer wird. Das Fremde ist und bleibt ein unwiderstehlicher Köder.

Was ist es, dass es mir so schwer macht, mich Menschen zu nähern und zu fotografieren? Ich habe schon in einem kulturellen Umfeld, das dem meinen ähnelt, oft das Gefühl, meinem Gegenüber zu nahe zu treten, sobald ich die Kamera hebe. Für mich sind die Bilder die schönsten, die im Konsens entstanden sind. Nur dann habe ich das Gefühl, dass mir die Bilder auch zustehen. Aber der Schritt, diesen Konsens herzustellen – sei es durch eine Kontaktaufnahme vorab oder durch einen Austausch nach dem Auslösen –, führt für mich deutlich aus meiner Komfortzone heraus. Ablehnung zu erfahren ist mir unangenehm und ich kann damit nur schwer umgehen. Außerdem merke ich, dass ich in dem Moment der Kontaktaufnahme auch etwas von mir, nämlich meine Unsicherheit oder auch meine Motivation, preisgebe. Das wird umso stärker, je näher ich an mein Model herantrete. Das Bild aus ein paar Metern Abstand mit einem Teleobjektiv einzufangen, fällt mir leichter als die von mir – wegen des größeren Anteils an situativem Kontext – bevorzugte Aufnahme mit leichtem Weitwinkel oder Normalbrennweite.

Klischees

Andererseits ist es genau diese Preisgabe meiner Gefühle, die für mich einen Teil der Konsensgleichung darstellt. Aus meiner Sicht besteht zwischen mir als Fotografin und meinem Gegenüber immer ein gewisses Machtgefälle. Das entsteht daraus, dass ich mit meiner Kamera die Kontrolle darüber habe, wann ich abdrücke. Ganz davon abgesehen, dass eine schwere Kamera mit einem ausladenden Objektiv durchaus bedrohlich aussehen kann und große Teile meines Gesichts und vor allem die Augen verdeckt. Eine transparente Kommunikation unter Ebenbürtigen wird dadurch erschwert. Mit der Verringerung des Abstands zwischen mir und dem Menschen auf der anderen Seite der Kamera verringert sich für mich auch dieses Machtgefälle. Ich muss mehr von mir preisgeben, ich kann mich auch nicht so leicht aus der Situation zurückziehen und bin dadurch angreifbarer. Durch mein Dableiben, mein Nahesein signalisiere ich bis zum Schluss, dass es in Ordnung ist, sich auch

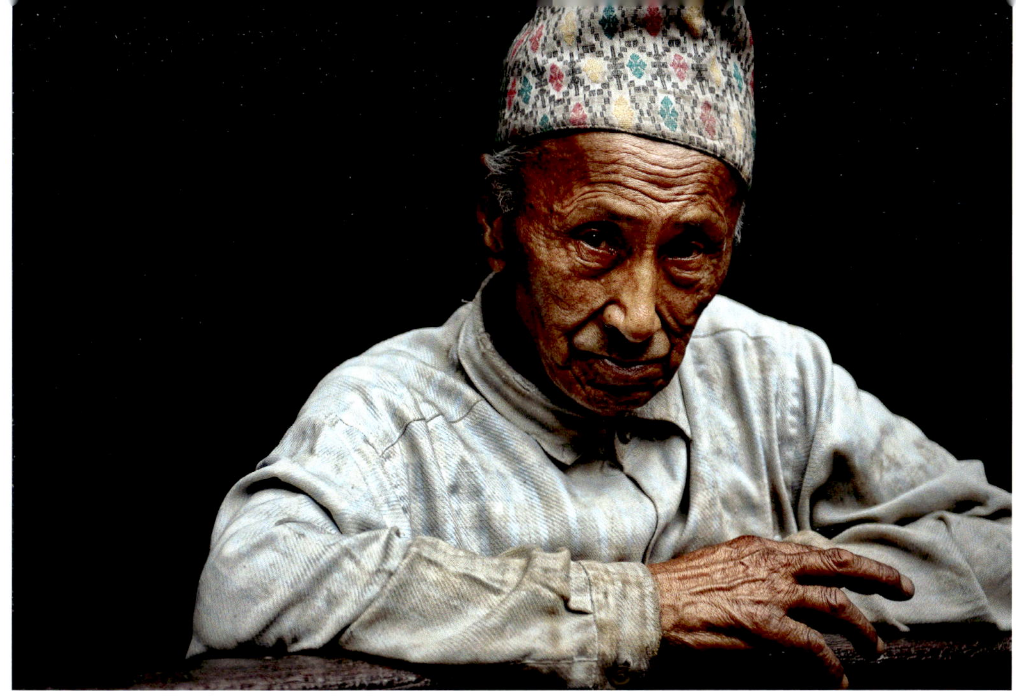

Abb. 3–5 *Manchmal kommt es tatsächlich vor, dass ich offensiv zum Fotografieren aufgefordert werde. Dieser Herr in einem Tempel in Kathmandu winkte mich heran, als er bemerkte, dass ich auf der Suche nach Motiven war. Er hielt geduldig still, während ich »Maß« nahm. Als ich ihm das Bild anschließend auf dem Display meiner Kamera zeigte, rief er seine Freunde herbei, die sich auch über den kleinen Bildschirm beugten, sich gegenseitig in die Rippen stießen und lachten.*

gegen das Foto zu entscheiden. Das zeugt von Respekt und schafft Vertrauen. Die Bilder, die ich aus dieser Situation erhalte, muss ich mir immer hart erarbeiten. Sie machen mich aber auch sehr zufrieden.

Klischees

Was mache ich, wenn mir Ablehnung entgegengebracht wird? Ich bin der Meinung, dass ich das akzeptieren muss. Nicht jedes Porträt, das für mich besonders typisch oder charaktervoll erscheint, ist vom Gegenüber auch gewollt. Die Motive für die Ablehnung sind nicht unbedingt immer offensichtlich und vermutlich oft persönlicher Natur. Und dennoch – vielleicht gebe ich oft zu leicht auf. Ich habe Fotografen beobachtet, die ihr Gegenüber so lange gnadenlos anflirten, bis das Bild im Kasten ist. Und tatsächlich, manchmal kann man mit einer Menge Charme und Geduld erreichen, dass die Person es sich anders überlegt – sehr zur Freude des Fotografen. Doch der Grat zwischen Überzeugen, Überreden oder schlichtem Ermüden ist schmal.

Meine Geschichte oder ihre?

Die Porträts oder Szenen, die ich von meinen Fotoreisen mitbringe, sind alle mit Zustimmung der abgebildeten Personen entstanden. Aus der Interaktion und dem Austausch, der vielen Bildern vorausging, habe ich viel mitgenommen. Manchmal – zum Beispiel bei meiner Reise nach Äthiopien – wurde ich wohl im selben Maße bestaunt und beobachtet, wie auch ich eine Szene verwundert in mich aufnahm. Man streifte meine Haut, wuschelte durch mein offenes Haar und mitunter wurde vor meinen Augen darüber diskutiert, ob ich wohl wirklich eine Frau sei (meine Körpergröße und die eher burschikos anmutende Reisekleidung ließen scheinbar Zweifel aufkommen). In einem Nomadendorf teilte uns der Älteste mit, es sei nun wohl schon fast zwei Jahre her, dass die Kinder zuletzt Weiße

Klischees

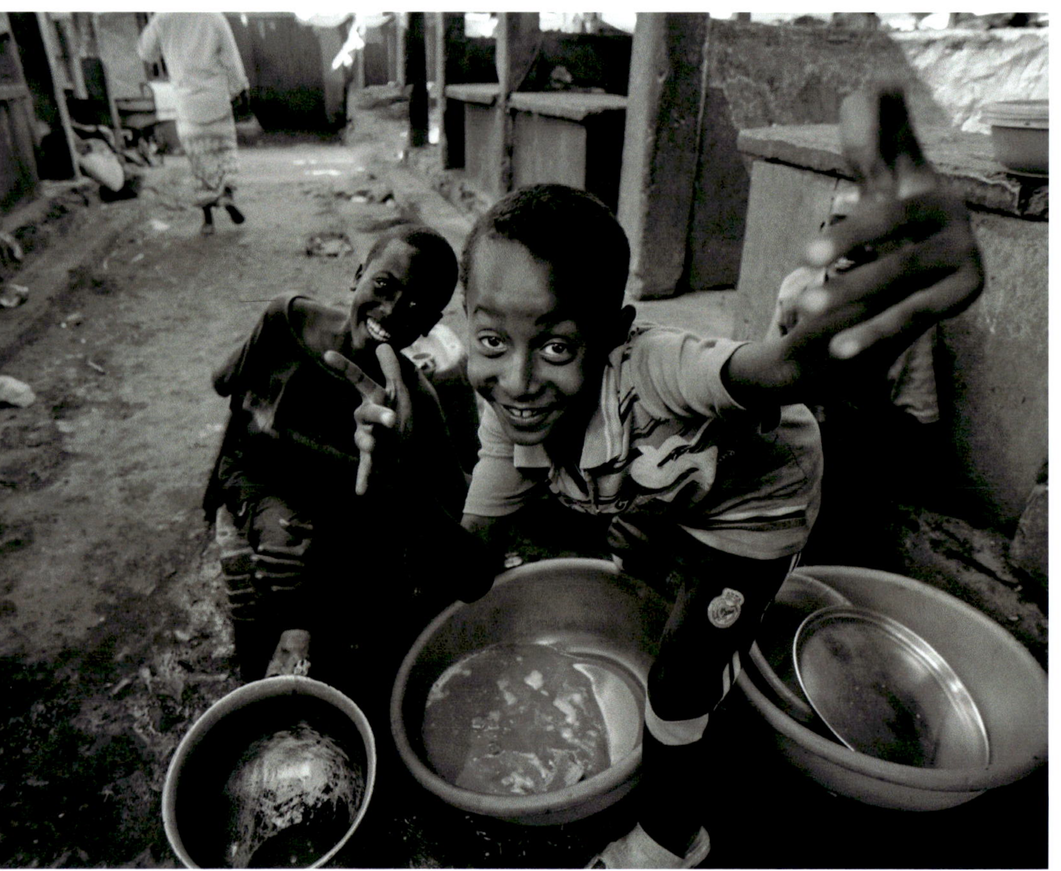

Abb. 3–6 *Diesem Bild ging viel gemeinsames Feixen, Lachen und an der Kleidung Zupfen voraus. Die beiden wollten unbedingt fotografiert werden – das Angebot konnte ich natürlich nicht ablehnen.*

gesehen hätten. Man kann leicht den Eindruck bekommen, es handle sich tatsächlich um ein Geben und Nehmen, was das Lernen voneinander und das Bestaunen von Fremdheit angeht.

Doch ist das so? Kann es ein Geben und Nehmen auf Augenhöhe sein, wenn ich allein für den Besuch dieses Landes eine Summe investiert habe, die ein Mitglied der besuchten Familie wahrscheinlich in seinem ganzen Leben nicht zur Verfügung haben wird?

Ist das wirklich Konsens, wenn wir (meine Mitreisenden und ich) im Anschluss an einen Besuch in einem Nomadendorf einen Betrag in die Dorfkasse geben, der es zwar der Familie erlaubt, ihren Bestand an Ziegen deutlich aufzustocken, uns aber nur ein kleines Loch in die Reisekasse reißt?

Ich mag die entstandenen Bilder sehr – und dennoch, zuhause angekommen, frage ich mich oft, wessen Geschichte ich da eigentlich erzähle. Die des Landes? Wohl kaum, dazu weiß ich auch nach einer mehrwöchigen Reise viel zu wenig über Gesellschaft, Religion, Konflikte und Ähnliches. Meine eigene? Die einer Touristin, die viel Neues und – je nach Reiseziel – auch Fremdes gesehen hat und verarbeiten muss? Schon wahrscheinlicher.

Klischees

Vielleicht reproduziere ich aber auch Bilder und Geschichten anderer. Kann es sein, dass ich versuche, Motive so einzufangen, dass diese besonders nach »National Geographic« aussehen? Dokumentiere ich nur oder bediene ich vielleicht Klischees, die mir aus Romanen oder Geschichtsbüchern bekannt sind? Wenn ja, kann es sein, dass ich (postkoloniale) Machtgefüge reproduziere, ohne mir dessen bewusst zu sein?

Sind die Menschen in meinen Fotos immer noch Subjekt im Bild oder eher Objekt meiner Begierde, möglichst viel Exotisches abzubilden? Ich habe noch keine Antwort auf diese Frage. Wahrscheinlich werde ich auch in Zukunft nicht auf das Ablichten von Porträts oder Marktszenen verzichten – ganz gleich, in welchem Land ich diese antreffe. Hoffentlich beeinflussen diese Gedanken, wie ich auf Menschen zugehe. Wenn ich Glück habe, werden sie meine Motivation, Bilder zu machen, verändern. Mein Ziel ist es, mich beim nächsten Mal immer näher an meine eigene Geschichte heranzufotografieren.

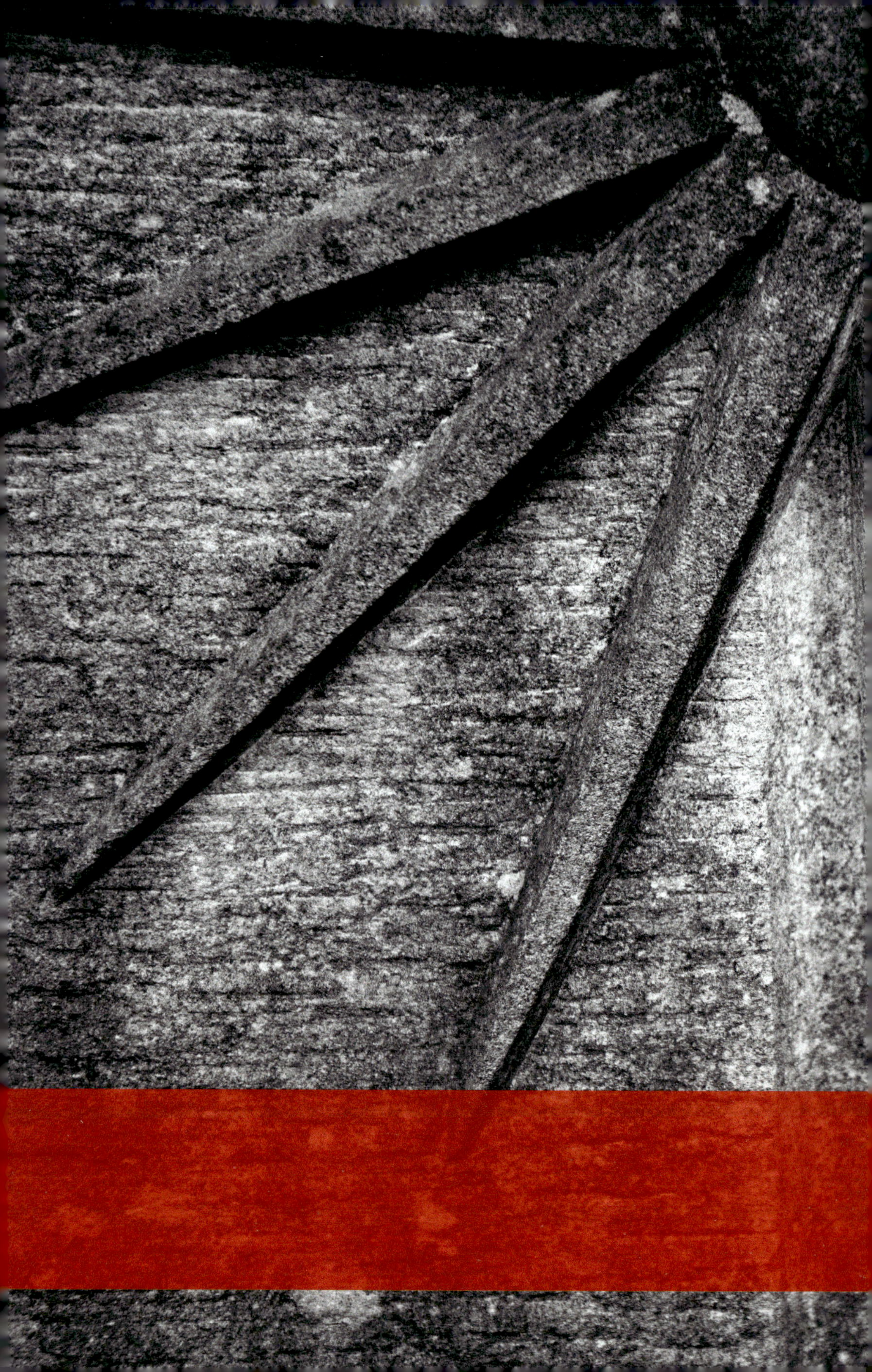

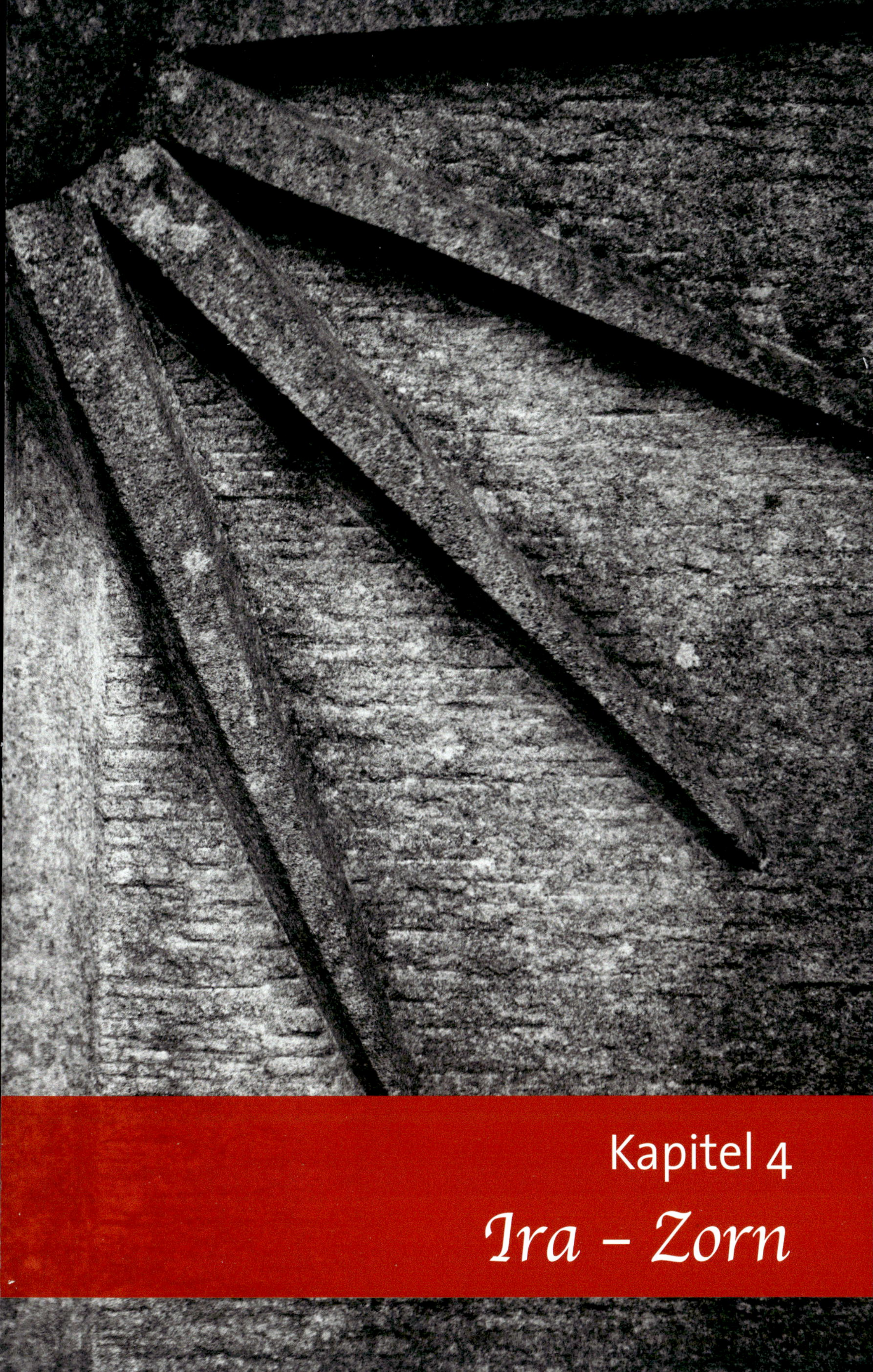

Kapitel 4

Ira – Zorn

Der Zorn ist eine Gefühlsregung, die jedem von uns schon einmal ins Gesicht geschrieben stand. Die Schläfenader pocht, Augenbrauen schieben sich zusammen, der Blick wird starr und eindringlich und bei manchen von uns schiebt sich der Unterkiefer nach vorne. Ein einziger Blick auf das Gegenüber genügt und es ist klar, Zorn – lateinisch Ira – ist eine Emotion, die mit Aggression einhergeht. Auch sprachlich betrachtet ist Zorn heiß – so werden zornige Menschen als brennend, kochend oder auch rasend beschrieben. Lässt Zorn nach, verraucht er dagegen oder kühlt sich ab.

Die Gefühle, die unter dem lateinischen Ausdruck Ira subsummiert werden – Zorn, Wut, Groll oder Bitterkeit – haben alle mit Aggressionen zu tun. Aggression ist etwas, das den meisten Menschen auf den ersten Blick als destruktiv und deshalb unangenehm und unangemessen erscheint. Die katholische Kirche hat diesen Gefühlskomplex nicht umsonst in die Liste der Todsünden eingereiht.

Zorn ist eine Reaktion auf als unzumutbar empfundene Zustände, auf Demütigungen und den damit einhergehenden Verlust von Selbstwertgefühl. Der zornige Mensch hat den Eindruck, ihm oder anderen sei Unrecht geschehen und man müsse sich verteidigen. Seine Aggression hat ein Ziel, nämlich die Dinge, die als falsch empfunden werden, zu ändern. Und hier liegt das Potenzial des scheinbar so negativen Gefühls: Anselm Grün beschreibt Aggression als eine im Grunde gute Lebensenergie – er nennt sie »die Kraft, die das Verhältnis von Nähe und Distanz regelt«[6] und die uns den nötigen Antrieb und Impuls verschafft, Dinge zu bewegen. So ist der aggressive Zorn eine Emotion, die unsere Angst mindert und unendlich viel Kraft verleihen kann.

Zorn ist ein Gefühl, das unseren Körper in Alarmbereitschaft versetzt: Die Stresshormone Adrenalin und Noradrenalin werden ausgeschüttet. Das führt dazu, dass sich der Herzschlag beschleunigt und Blutdruck sowie Muskeltonus steigen.

Setzen wir diese aus der Aggression geschöpfte Energie zur Lösung von Problemen und Konflikten ein – im Sinne von »das werden wir uns nicht mehr gefallen lassen« –, so kann (und manchmal muss) man sie positiv sehen. Setzen wir sie blind ein, wird sie zur gefährlichen Waffe. Wenn Zorn im heftigen Affekt auftritt, kann er in Wut umschlagen und zu unkontrollierbaren Handlungen oder Worten führen – man kann leicht »in die Luft gehen«. Wird er unterdrückt und schwelt vor sich hin, kann er sich entweder in Bitterkeit oder im Extremfall sogar in Hass verwandeln.

Wer sich in seinen Zorn hineinsteigert, ohne aktiv Änderungen an dessen Ursache herbeizuführen, der nimmt die ganze Welt als Gegner wahr. Selbst Einwände oder Bitten werden dann als feindlicher Akt empfunden. Leicht entsteht der Eindruck, dass man sich nur durch Kampf Anerkennung erwerben kann. Unterlässt man es zu kämpfen, werden einem Dinge weggenommen. Ein auf diese Art und Weise bitter gewordener Mensch verlernt zu vertrauen und glaubt nicht mehr an Dinge wie Freundschaft und Solidarität. Wer bitter wird, wird zynisch und vergiftet sein Verhältnis zu sich selbst und zu anderen.

Zynismus und Bitterkeit kann man heute sehr gut in Kommentarfeldern oder Foren beobachten. Bei manch einem entladen sich Zorn über den Erfolg anderer, die eigene Unzulänglichkeit, generelle Unzufriedenheit mit dem Leben an sich oder als ungerecht empfundene Rückmeldung zu Bildern in geradezu bösartigen Kommentaren. Nicht jeder kann mit seinen negativen Gefühlen konstruktiv umgehen und so bevölkert heute eine bunte Vielfalt an Trollen einschlägige Social-Media-Portale. Für alle gilt gleichermaßen: Bitte nicht füttern!

Wir sehen also zwei grundsätzliche Tendenzen in diesem Gefühlsspektrum von Zorn, Wut und Bitterkeit. Bitterkeit und Wut sind in ihrer Natur ausgesprochen feindselige, destruktive Gefühle. Sie führen zu nichts, außer – bei Bitterkeit – zu Stillstand und Selbstzerstörung oder – in der Wut – zu sinnloser nach außen gerichteter Gewalt. Im Gegensatz dazu ist Zorn ein Gefühl mit dem Potenzial, Dinge zu erschaffen. Der Zorn ist die kreative Kraft unter den Todsünden und nimmt dadurch gewissermaßen eine Sonderstellung ein.

In diesem Kapitel geht es darum, was uns unser Zorn beibringen kann. Manchmal weist er uns – zu Recht – auf Defizite hin, manchmal hilft er uns aber auch, neue Ideen zu entwickeln und einmal unsere sorgfältig ausgetretenen Pfade zu verlassen.

Wenn die Technik macht, was sie will

Frau F. ist Journalistin und reist für eine große deutsche Tageszeitung, um anschließend darüber zu schreiben. Sie ist ein Reiseprofi, hat viele ferne Länder besucht, ist meist für alle Eventualitäten gewappnet und ist durch nichts so schnell aus der Ruhe zu bringen. Erfahrene Globetrotter wissen: Reisen härtet ab und irgendwann schockt einen so leicht nichts mehr.

Ihre letzte Reise – eine einwöchige, speziell für Journalisten organisierte Bustour – führte sie nach Marokko. Und es war von Anfang an der Wurm drin. Aufgrund einer fehlenden Genehmigung landet die geliebte Messsucher-Kamera erst im einzucheckenden Gepäck und danach im Zoll, wo sie sobald nicht wieder herausfinden sollte. Ich habe schon oft auf Reisen auf mein Gepäck warten müssen und weiß, wie mich das stresst. Deshalb mag ich mir gar nicht ausmalen, wie es sich anfühlt, wenn die ans Herz gewachsene Kamera in einem fremden Land im Zoll festhängt. Vor allem, wenn man wenig Zeit hat und diese dringend für einen Auftrag braucht.

Ausrüstung

Der Veranstalter verspricht Frau F. für den nächsten Tag eine gleichwertige Ersatzkamera. Na immerhin. Es sollte anders kommen – statt der versprochenen hochwertigen Kamera wird eine günstige Spiegelreflex der Einsteigerklasse geliefert. Eine Kamera, bei der viele manuelle Einstelloptionen zugunsten von Automatik fehlen oder im dritten Untermenü rechts versteckt sind. Eine Kamera, deren Bedienkonzept nichts, aber auch rein gar nichts mit dem des im Zoll feststeckenden, vertrauten Reisebegleiters zu tun hat. Natürlich kann man auch mit dieser günstigen Kamera gute Bilder machen, das soll hier gar nicht in Abrede gestellt werden. Aber wer es gewöhnt ist, mithilfe eines Messsuchers manuell zu fokussieren, die Blende an einem physischen Blendenrad am Objektiv einzustellen und grundsätzlich manuell zu belichten, arbeitet anders als jemand, der die Kamera auf Automatik stellt und abdrückt. Wer es gewöhnt ist, jedes Detail – von der Belichtung, über die Bildaufteilung bis hin zur Wahl des Schärfepunkts – selbst zu kontrollieren, der fühlt sich von einem Autofokus bevormundet und um wichtige kreative Entscheidungen betrogen. Statt mit der vertrauten, schon fast als Verlängerung des Arms empfundenen Kamera arbeiten zu können, muss sich unsere Journalistin mit einem Fremdkörper abfinden. Die Zeit, sich damit wirklich vertraut zu machen, fehlt. Da drehen die Hände noch Rädchen oder suchen im Menü nach bestimmten Einstellungen, während das Motiv entspannt aus dem Bild schlendert. So etwas macht wütend.

Frau F. ist in diesem Fall – wie es so schön heißt – unverschuldet in Not geraden. Aber, wenn wir ehrlich sind, haben wir uns wahrscheinlich schon einmal in einer ähnlichen Situation befunden. Mit einem Stück unbekannter Ausrüstung zu verreisen, ist Ihnen doch sicher auch schon einmal passiert, oder? Vielleicht haben Sie sich noch vor der Reise ein neues stabiles Stativ mit einem Kopf samt komplizierter Mechanik angeschafft und dann bei der ersten Nachtaufnahme leise geflucht? Oder Sie haben sich eine brandneue Kamera mitgebracht, die so kompliziert ist, dass Sie gerade einmal deren Grundfunktionen beherrschen?

Mir wird es vermutlich bald so ähnlich ergehen, sollte ich das Manuskript zu diesem Buch nicht rechtzeitig vor meiner nächsten Reise fertig bekommen. Für eine Schiffsreise in den Gewässern vor der Insel Svalbard (Spitzbergen) habe ich mir ein neues übergroßes Teleobjektiv für meine analoge Mittelformat-Kamera angeschafft. Es ist so schwer, dass es sich nur vom Stativ aus bedienen lässt. Und, Sie raten richtig: Ich hatte noch keine Zeit, damit zu üben. Was soll da schon schiefgehen?

Ausrüstung

Ich sehe es kommen, und frage mich schon, wie viele meiner Mitreisenden ähnliche Gefühle entwickeln werden: Zorn über die Technik, weil sie nicht so funktioniert, wie man sich das so gedacht hat. Zorn über die Unfähigkeit, das Motiv so einzufangen, wie die Augen es wahrgenommen haben. Zorn über sich selbst, weil man nicht rechtzeitig geübt hat. Wut über das eigene Versagen.

Dieser Zorn ist nutzlos und kontraproduktiv, weil er uns daran hindert, kreativ nach Problemlösungen zu suchen. Er ist nutzlos, solange er uns nicht dazu anhält, zu üben und uns mit der Technik in unserer Kameratasche vertraut zu machen. Die beste Kamera ist die, die man gerade dabei hat, heißt es. Ich würde diese Redensart umformulieren: Die beste Kamera ist die, die man in- und auswendig kennt.

Die Angst vor dem leeren Sensor

Literaten nennen es Horror Vacui, Writer's Block oder Schreibblockade – die Angst vor dem leeren Blatt Papier. Bei uns Fotografen und Fotografinnen ist es wahrscheinlich eher die Angst vor dem – abgesehen von ein paar Staubkörnern – leeren Sensor. Beiden gemeinsam ist meist nicht die Abwesenheit von Ideen und Möglichkeiten, sondern eher ein Zuviel davon, gepaart mit überzogenem Anspruchsdenken. Das gipfelt in der momentanen Unfähigkeit, in all den ungeahnten Möglichkeiten das für uns Wichtige herauszudestillieren, Strukturen zu finden und Prioritäten zu setzen.

Mir geht es oft so, dass ich von den Eindrücken einer spannenden Foto-Location geradezu überflutet werde, es mir aber einfach nicht gelingen will, auch nur ein einziges Bild einzufangen, das meine Eindrücke »richtig« wiedergibt – also so, wie ich glaubte, sie gesehen zu haben. Dann kann es passieren, dass ich zeternd wie ein Rohrspatz und einigermaßen planlos mit meiner Kamera durch die Gegend laufe, immer wieder abdrücke, aber nichts nach Hause bringe, mit dem ich auch nur ansatzweise zufrieden wäre. Auch das macht zornig, hilft mir aber in dem Fall nicht weiter.

Im kreativen Prozess

Geht es Ihnen genauso wie mir? Oder haben Sie zig Ideen im Kopf, aber einfach keine Ahnung, wie Sie sie tatsächlich umsetzen können? Dann ist es an der Zeit, den Zorn vor unseren Karren zu spannen. Wie schon beschrieben, gibt es reichlich Gründe, Zorn nicht nur zu verdammen, sondern mit ihm zu arbeiten. Zorn ist nichts anderes als ein (oft berechtigtes) Aufbegehren gegen Dinge, die uns stören. Und dieses Moment des Aufbegehrens findet sich nicht nur in großen, weltbewegenden Themen, sondern funktioniert auch bei ganz kleinen Dingen. So reagieren wir zum Beispiel auf Vorgaben oder Einschränkungen – oft unbewusst – mit einem geringen Maß an Aggression. Diesen Mechanismus können wir ausnutzen, um kreative Blockaden zu lösen.

Vorgaben stellen nämlich für uns Grenzen dar, gegen die wir uns naturgemäß auflehnen wollen. Wenn wir sie nicht verschieben können, stellt sich ein inneres »wäre doch gelacht, wenn ich mich davon behindern ließe« ein und wir beginnen, um die Ecke zu denken. Wenn ich die Mauern und Zäune nicht einreißen kann, wie kann ich dann entweder drumherum arbeiten oder trotz der Einschränkung eine größtmögliche Vielfalt in meine Lösungsansätze bringen? In dieser Reaktion liegt die Ursache dafür, dass Einschränkungen uns zu ganz ungeahnten Ergebnissen anspornen. Wir wandeln Zorn in Eifer um – das ist zwar nicht ganz so schön, wie Stroh zu Gold zu spinnen, funktioniert aber wenigstens.

> *»Zorn macht langweilige Menschen geistreich.«*
>
> Francis Bacon

Der eiserne Fotograf

Um passende Übungen zu Einschränkung zu finden, kann man auch einmal in ganz anderen kreativen Disziplinen als der Fotografie ein paar Anleihen machen. Zwischen 1993 und 1999 lief im japanischen Fernsehen eine Kochsendung, deren Titel sich sinngemäß mit »Der eiserne Küchenchef« übersetzen ließ. Dabei wurden sieben quasi zum Sendungsinventar gehörende »eiserne Köche« von Gästen zu einem Wettkochen herausgefordert. Sieger wurde, wer zu einem bestimmten kulinarischen Thema und mit den vorgegebenen Zutaten das leckerste Gericht kochen konnte. Um dem noch die Krone aufzusetzen und die Sendungslänge zu begrenzen, musste das Ganze in einer vorgegebenen Zeit erledigt werden.

Im kreativen Prozess

Die Show hatte in Japan Kultstatus und das Format fand Nachahmer in der ganzen Welt. In Deutschland hieß die Sendung meines Wissens »Das Kochduell«. Ein besonderes Merkmal dieser Kochduelle war es, dass die Zutaten oft exotisch waren und scheinbar überhaupt nicht zusammenpassten. Die Ergebnisse dagegen ließen mir ein ums andere Mal vor dem Fernseher das Wasser im Munde zusammenlaufen. Offensichtlich hatte der olfaktorische Spagat zu interessantesten Ergebnissen geführt.

Kreative Menschen aus dem fotografischen Universum haben das Potenzial dieser Übung natürlich sofort erkannt und angepasst. Aus dem eisernen Koch ward der eiserne Fotograf geboren. Die Übung lautet ab sofort nicht mehr: Kreiere ein Gericht aus den vorgegebenen Zutaten, sondern mache ein Foto, das die vorgegebenen Elemente enthält. Und wie beim Kochen geht es natürlich nur vordergründig darum, dass alles drin ist. Wichtig ist vor allem, dass das Ergebnis möglichst schmackhaft ist.

Im kreativen Prozess

Vorgaben beim eisernen Fotografen können additiv sein, also Dinge auflisten, die im Bild vorkommen sollen (Beispiel 1). Genauso funktioniert aber auch die Kombination mit dem bewussten Ausschließen von Elementen (Beispiel 2) oder das Aufnehmen von Aspekten, die sich bildlich nicht darstellen lassen (Beispiel 3).

Beispiel 1:

1. Eine Silhouette
2. Etwas aus dem Badezimmer
3. Partielle Überbelichtung

Beispiel 2:

1. Wasser
2. Keine Tropfen
3. Unschärfe (ganz oder partiell)

Beispiel 3:

1. Natur
2. Indirektes Licht
3. Das Bild symbolisiert eine Zeile aus Ihrem Lieblingslied

Sie können sich diese Vorgaben selbst geben, Freunde und Verwandte bitten, Sie möglichst fantasievoll einzuschränken, oder auch Fotosharing-Plattformen wie Flickr nach Gruppen durchsuchen, die sich zwecks Übung derlei Aufgaben stellen (ja, die gibt es). Besonderen Spaß macht es, sich der Herausforderung nicht alleine, sondern in kleinen Gruppen zu stellen und am Ende die Ergebnisse zu vergleichen.

Tipp

Ein Blick über den Tellerrand lohnt sich: Auch im Spielwarenladen gibt es Hilfsmittel, mit denen man sich nach einem ähnlichen Prinzip immer neue Aufgaben zusammenstellen kann. Das Würfelspiel Rory's Story Cubes®[7] – eigentlich gedacht, um die Lust am Geschichtenerzählen zu fördern – funktioniert nach einem ähnlichen Prinzip. Ein bis neun Symbolwürfel werden geworfen und die gezeigten Bilder müssen anschließend in eine Geschichte eingebaut werden. Was spricht dagegen, die Geschichten fotografisch zu erzählen?

Wenn Sie des Englischen mächtig sind, können Sie sich auch von einer Smartphone-App Begriffe zusammenstellen lassen. Anwendungen wie z. B. »The Brainstormer« gibt es sowohl für iOS als auch für Android.

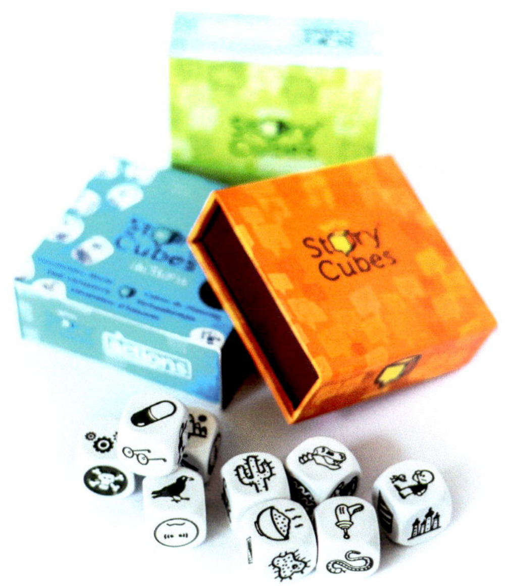

Abb. 4–1
Rory's Story Cubes®

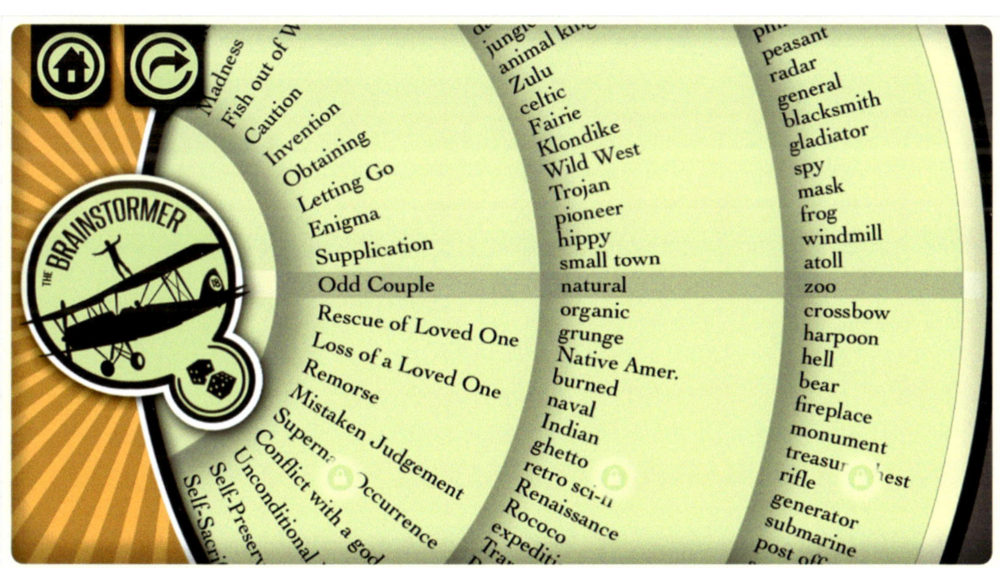

Abb. 4–2 *Die Smartphone-App Brainstormer bietet die Möglichkeit, drei verschiedene »Räder« mit Begriffen unabhängig voneinander zu drehen. Auf diese Weise können Wortgruppen für Schreib- oder Fotografieranlässe gebildet werden.*

Inspiration durch Schlagzeilen

Die Welt ist voll von Geschichten, die illustriert werden wollen, und viele davon eignen sich wunderbar als kreative Übung durch Einschränkungen beziehungsweise Vorgaben. Auf Workshops lasse ich manchmal Teilnehmer aus dem Kontext gerissene Schlagzeilen visualisieren. Manche Zeitungen haben wirkliche Perlen zu bieten – mein persönlicher Favorit beim Schlagzeilensammeln ist das Feuilleton der Süddeutschen Zeitung. Ich habe immer einen kleinen Vorrat ausgeschnittener Schlagzeilen in einer Mappe, man weiß nie, wann man sie mal braucht.

Im kreativen Prozess

Die Komfortzone des Königs

Verlassen von allen guten Meistern

Das Geständnis des grünen Prinzen

Der morgendliche Tanz des Schiffskaters

Sein Name ist Nase

Abb. 4–3 *Werden solche Zeilen vom dazugehörigen Text getrennt, bieten sie eine kaum versiegende Quelle für exquisites Kopfkino – und das ist wiederum ein toller Ausgangspunkt für herausfordernde Aufgabenstellungen.*

Filzen Sie Ihre Tageszeitung oder durchsuchen Sie das Internet nach knackigen Überschriften. Picken Sie sich ein oder zwei Beispiele für einen Nachmittag oder auch ein Wochenende heraus. Schießen Sie ein oder mehrere Bilder, die dazu passen und die Schlagzeile als Titel tragen könnten. Sie werden sehen, die erste Reaktion ist oft »das kann doch nicht wahr sein!« – aber der Zorn verraucht schnell, sobald die ersten Bildideen kommen. Viel Spaß!

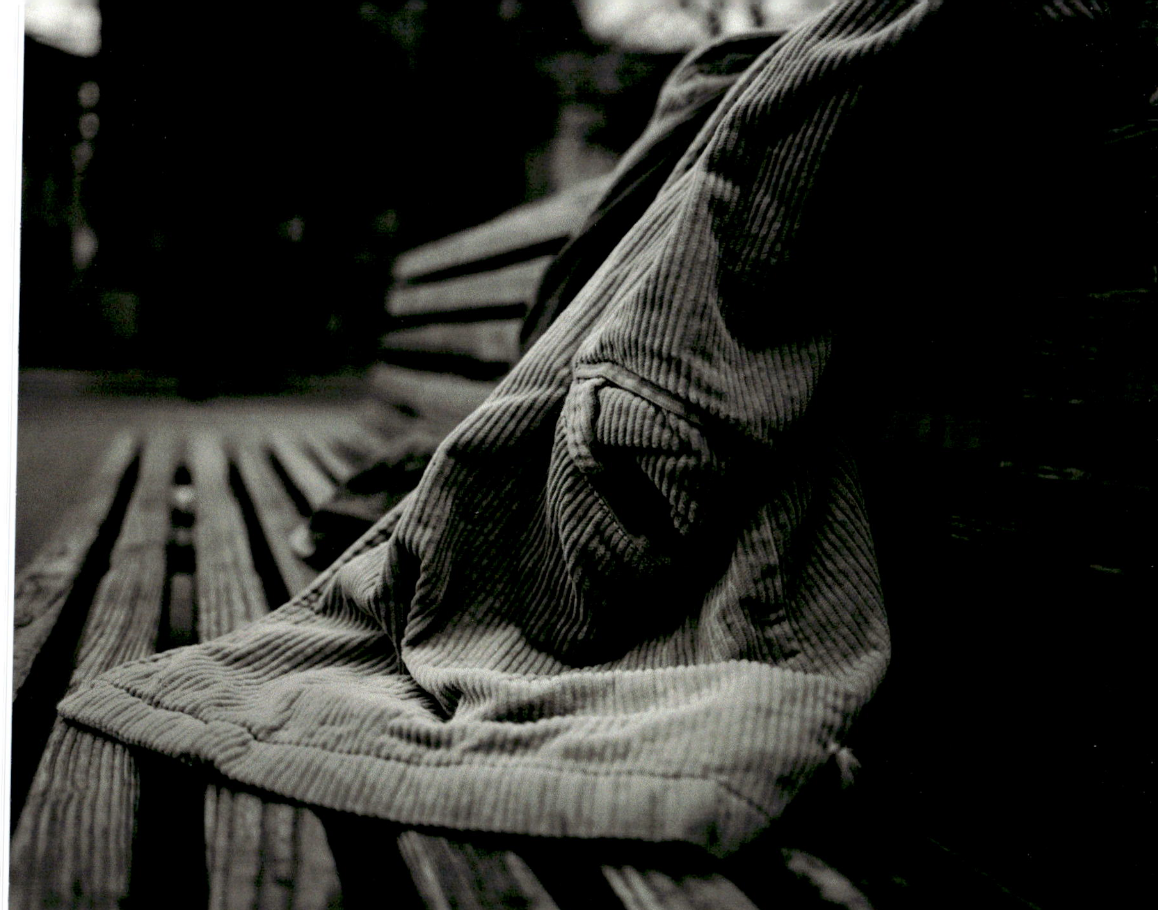

Abb. 4–4 *Verschwunden. Letzten Montag nach dem Frühstück.*

Sechs-Wort-Geschichten

Sich kurz zu fassen, ist wahrlich eine Kunst. Und so lautet die Legende, Hemingway habe eine Wette gewonnen, indem er eine Geschichte mit nur sechs Worten erzählte: For sale: Baby shoes, never worn (zu verkaufen: Babyschuhe, nie getragen).

Im kreativen Prozess

Es ist interessant, wie wenig Worte man tatsächlich benötigt, um im Kopf des Lesers Bilder entstehen zu lassen. Fotografisch kann man diese kürzesten aller Geschichten auf zwei Arten nutzen.

Sie verfahren damit ähnlich wie mit den Zeitungsüberschriften und bebildern diese Geschichten – ganz egal, ob Sie diese selbst geschrieben haben oder auf existierende Zeilen zurückgreifen.

Sie suchen sich ein paar Ihrer Bilder heraus und versuchen, zu ihnen passende Sechs-Wort-Geschichten zu texten. Vielleicht gelingt es Ihnen, daraus eine ganze Serie zusammenzustellen?

Das Vier-Seiten-Modell in der Fotografie

Zurück zur Fotografie. Wenn diese Aspekte schon in gesprochener oder geschriebener Sprache eine wichtige Rolle spielen, wie sehr muss es erst auf die nonverbale Kommunikation durch Bilder zutreffen? Hier besteht noch mehr Potenzial, Gesehenes vor dem Hintergrund eigener Erfahrungen, Werte und gesellschaftlich-kulturellem Hintergrund unterschiedlich zu bewerten. In dieser Disziplin kommunizieren wir mit Auge, Erfahrungen und Emotionen.

Im kreativen Prozess

Die Sachebene in der Fotografie

Es gibt in einem Bild eigentlich nur wenige Dinge, die wir auf der Sachebene widerspruchsfrei transportieren können. Das sind Elemente wie Linien, Flächen, Formen, Kurven, Muster, Texturen, Farben deren Anordnung im Bild (Komposition). Diese Formensprache ist zumindest innerhalb eines gemeinsamen kulturellen Umfelds universell verständlich.

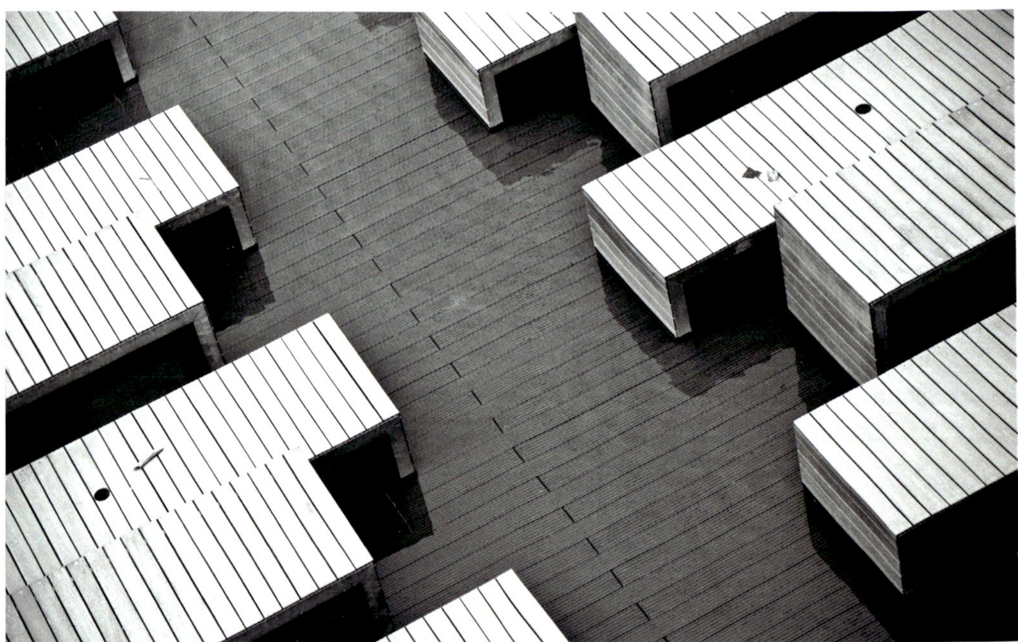

Abb. 4–9 *Dieses Bild funktioniert alleine auf der Sachebene. Es dokumentiert nichts mehr und nichts weniger als Struktur und Textur. Der Betrachter kann nicht erkennen, was das Bild darüber hinaus darstellt (eine verlassene Café-Terrasse an einem regnerischen Tag), und das muss er auch nicht. Mir ging es bei der Aufnahme einzig und allein um den grafischen Eindruck.*

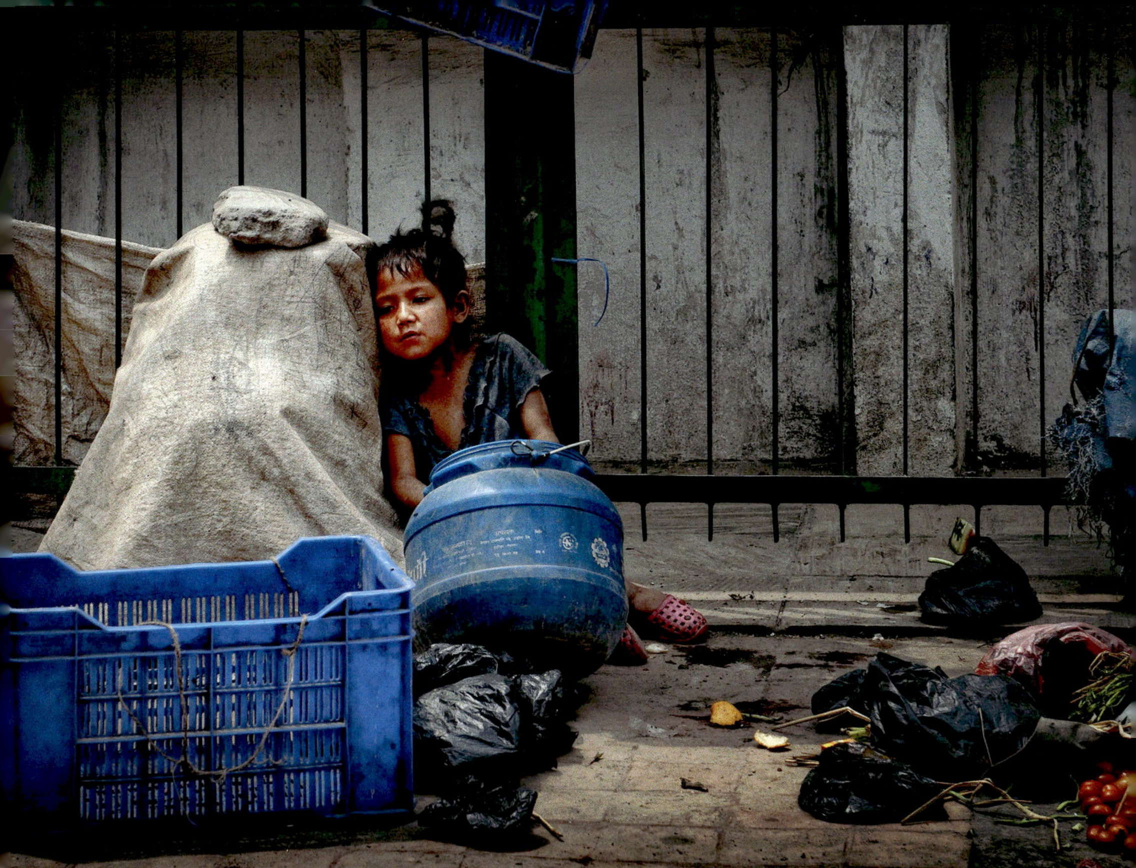

Abb. 4–10 *Wurde das Kind von seinen Eltern alleine neben dem Markstand zurückgelassen? Hat es selbst Gemüse verkauft und sitzt dort nach getaner Arbeit? Wartet es auf Freunde? Dieses Bild erzählt sicherlich eine Geschichte. Welche Bildaussage es transportiert, kommt auf den Standpunkt sowie auf Ihren/meinen Erfahrungshorizont an.*

Die Ebene des Appells in der Fotografie

Im kreativen Prozess

In der Fotografie lautet die Antwort auf die Frage, was ein gutes Bild ausmacht, oft: Ein gutes Bild ist eins, das eine Geschichte erzählt. Aber was sind das für Geschichten? Bilder, die auf Reisen entstehen, bringen uns fremden Kulturen und Lebensweisen näher. Fotos, die Ereignisse dokumentieren – seien es Feiern, Demonstrationen oder sogar Kriege –, haben die Kraft, unsere Einstellungen zu bestimmten Dingen zu verändern. Bilder, die Geschichten erzählen, wirken auf uns ein.

Ein Bild, in dem der Fotograf sich darauf beschränkt – z.B. in abstrakter Art –, Flächen, Linien und Farben zu einem harmonischen Ganzen zu verbinden (also in der Formebene bleibt), kann in der Aussage einigermaßen neutral sein und deshalb wird es auch so

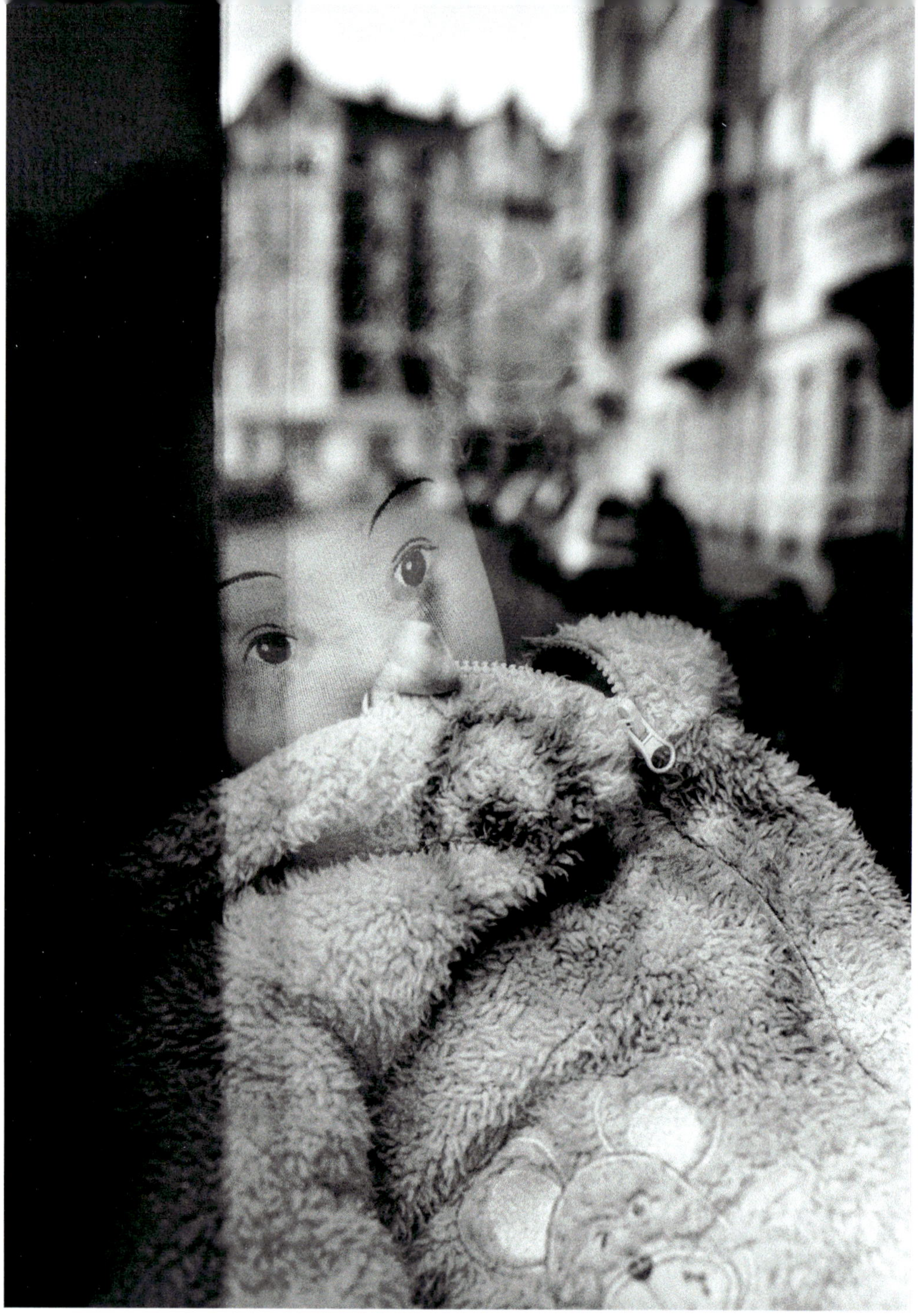

Abb. 4–11 *Die Aufnahme der aus dem Fenster schauenden Puppe dürfte bei jedem Betrachter andere Gedanken und Interpretationen auslösen, vermutlich durch Erinnerungen an die bzw. aus der Kindheit geprägt. Für mich drückt das Bild den Wunsch aus, hinauszugehen und am Geschehen jenseits der Fensterscheibe teilzuhaben. Und bei Ihnen?*

gut wie in jedem kulturellen Umfeld richtig verstanden. Ein Bild, das viel erzählt, bezieht immer auch Stellung. Es bezieht Stellung zu dem Ereignis, das es beschreibt. Es bezieht Stellung zu einer Situation, die es vorfindet. Eine neutrale Bildaussage ist beinahe unmöglich. Die Geschichte, die ein Bild erzählt, wirkt als Appellebene in der Kommunikation.

Die Ebene der Selbstoffenbarung in der Fotografie

Bilder und die darin erzählten Geschichten nehmen wir vor dem Hintergrund unserer Erfahrungen auf. Wir beurteilen die Aussage darin auf der Gefühlsebene. Das betrifft sowohl den Betrachter als Empfänger der Nachricht, als auch den Fotografen als deren Sender. Letzterer wird – in der Art und Weise, wie er etwas fotografiert und wie er eine Situation in Szene setzt – vor dem Hintergrund seiner Erfahrungen Gefühle ausdrücken. Aufgrund ihrer jeweiligen Geschichte können zwei Menschen ein und dieselbe Szene völlig unterschiedlich beurteilen.

Im kreativen Prozess

Wir befinden uns bei der Interpretation einer Bildaussage nun auf der Ebene der Selbstoffenbarung. Durch die Art und Weise, wie ich als Fotografin ein Bild aufnehme, kann ich also etwas über mich preisgeben. Meine Art, eine Szene zu interpretieren, sagt etwas über mich aus – die Art, wie ich ein Bild als Betrachterin wahrnehme und lese, ebenso.

In der Möglichkeit der unterschiedlichen Interpretation schlummert Potenzial. Im besten Fall erzählt ein Bild für Sender und Empfänger lediglich eine unterschiedliche Geschichte. Im schlechteren Fall erregt entweder das Bild beim Betrachter oder dessen Reaktion darauf beim Fotografen Unmut oder Aggression. Sich darüber auszutauschen, kann für beide Seiten spannend sein. Man lernt sich kennen und erfährt viel über unterschiedliche Sichtweisen. Kritik wirkt ebenso als Hindernis wie die vorher schon beschriebene Einschränkung. Ein gewisses Zorn-Moment, nämlich unser Bestreben, gegen Widerstände anzugehen, lässt sie uns in positive Energie umwandeln. Sie zwingt uns dazu, fotografisch alte Pfade zu verlassen und stattdessen neue einzuschlagen. Widerspruch kann uns kreativ machen.

> *»Das Gleiche läßt uns in Ruhe; aber der Widerspruch ist es, der uns produktiv macht.«*
>
> zugeschrieben Johann Wolfgang von Goethe[9]

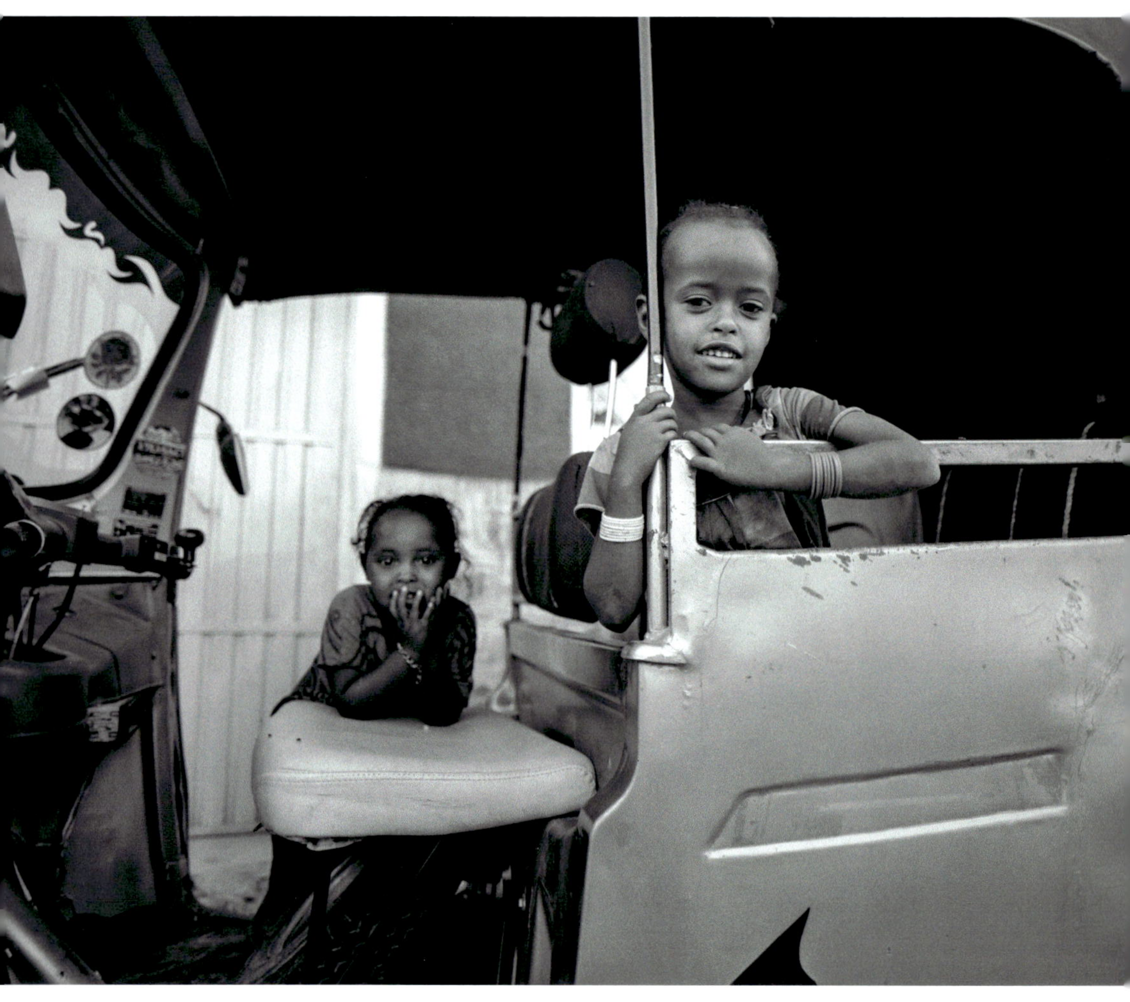

Abb. 4–12 *Dieses Bild steht ganz deutlich für Neugier – sowohl auf meiner Seite als auch auf der Seite der Kinder, denen diese Regung deutlich ins Gesicht geschrieben steht.*

Die Beziehungsebene in der Fotografie

Die Beziehungsebene spielt bei der Übermittlung von Botschaften durch Bilder an verschiedensten Stellen eine Rolle. Die Beziehung von Fotograf und Betrachter zueinander, aber auch beider Beziehung zum Subjekt wird die (wahrgenommene) Bildaussage immer beeinflussen. Gerade bei der Arbeit mit Menschen spielt dieser Aspekt, in dem Fall das Verhältnis zwischen Fotografin und abgelichteter Person, eine große Rolle. Die Beziehung wird sich in der Regel in irgendeiner Form im Bild ausdrücken. Ein Porträt wird andere Gefühle transportieren und abbilden, je nachdem, ob Fotograf und Model sich kennen (Vertrautheit/Vertrauen) oder ob ein Porträt während einer Reise aufgenommen wird und man sich fremd ist (Neugier oder auch Scheu).

Im kreativen Prozess

Wenn Sie mehr über die unterschiedlichen Sichtweisen und Interpretationsansätze bezüglich Ihrer Bilder erfahren möchten, führt meines Erachtens kein Weg daran vorbei, mit anderen über Bilder ins Gespräch zu kommen. Das können eigene oder fremde Fotografien sein. Es kann beim Besuch einer Ausstellung geschehen. Um zu lernen, welche vielfältigen Gefühle Bilder auslösen können, müssen wir uns austauschen. Erst, wenn wir mehr geben und bekommen als den üblichen Kommentar »schön gesehen« oder »tolles Bild«, können wir lernen, mit Rückmeldungen umzugehen. Das umfasst den konstruktiven Umgang mit Lob und Anregungen wie auch ein Verständnis für Zorn und negative Äußerungen im Allgemeinen. Gerade heute, wo bei der Kommunikation im Internet Negativität und Hass immer mehr zunehmen, gewinnt ein reflektierter Umgang mit dem Echo unserer Bilder an Bedeutung.

Weiterlesen

Wer tiefer in dieses Thema einsteigen möchte, kann dies mit einem Buch von Martin Zurmühle tun: »Die Magie der Fotografie oder das Geheimnis herausragender Bilder« führt in die Bildanalyse nach dem »Vier-Augen-Modell« ein.[10]

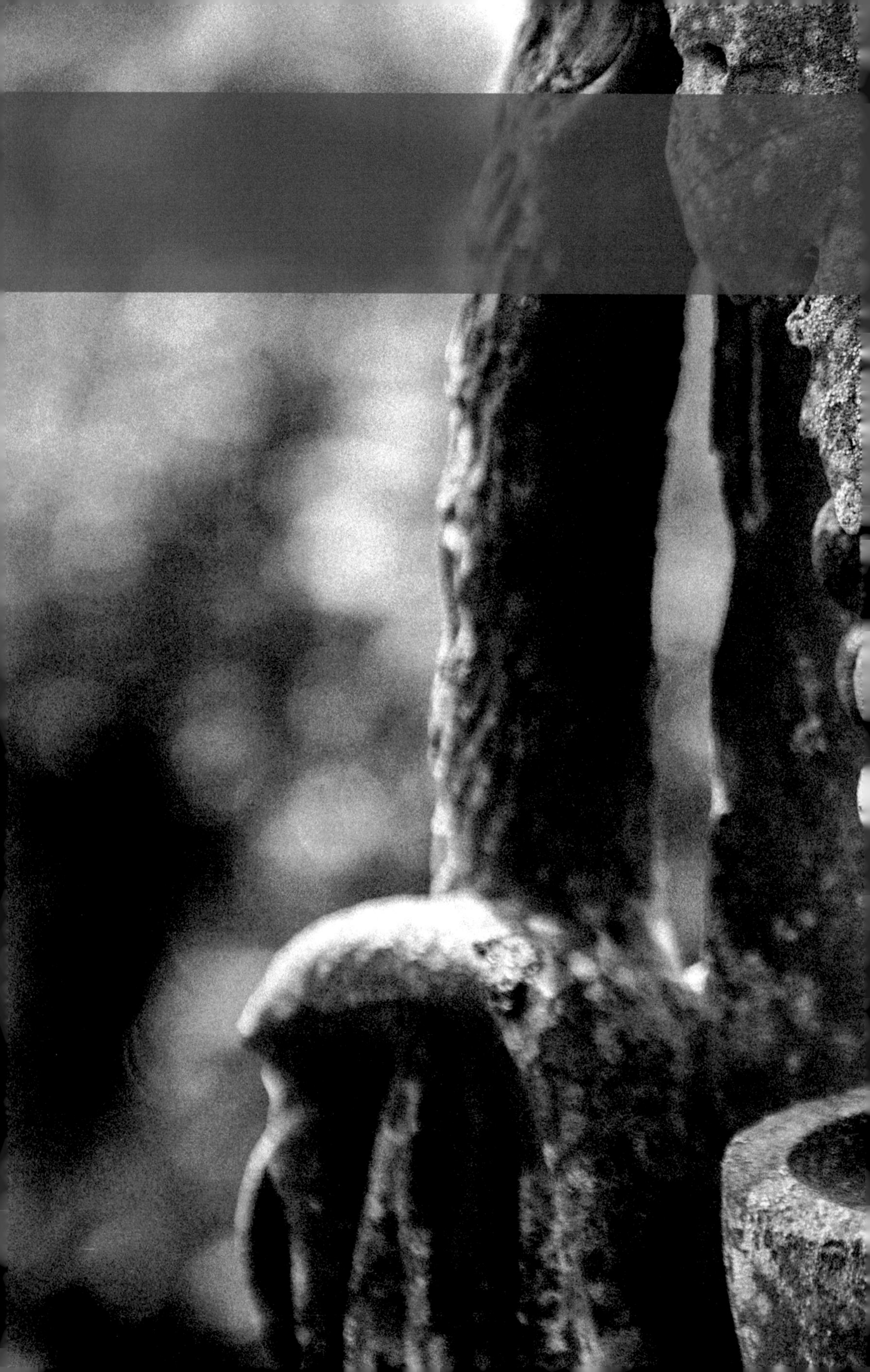

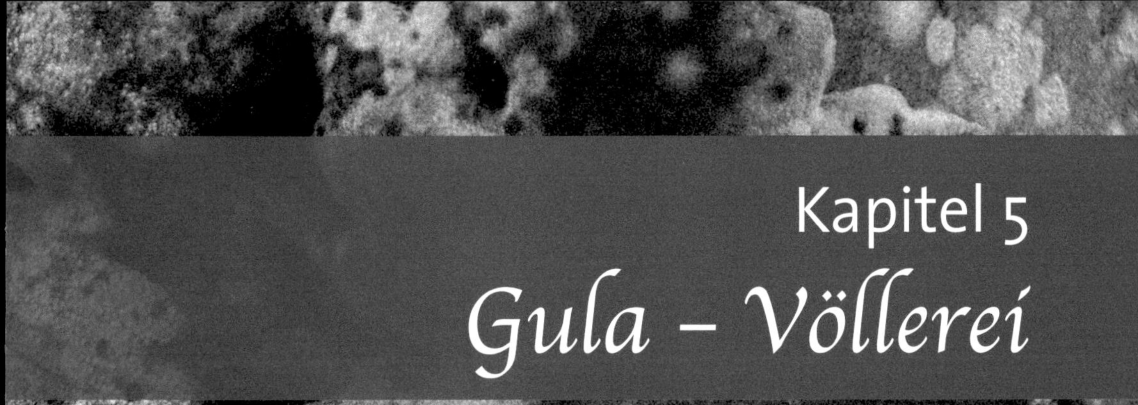

Kapitel 5
Gula – Völlerei

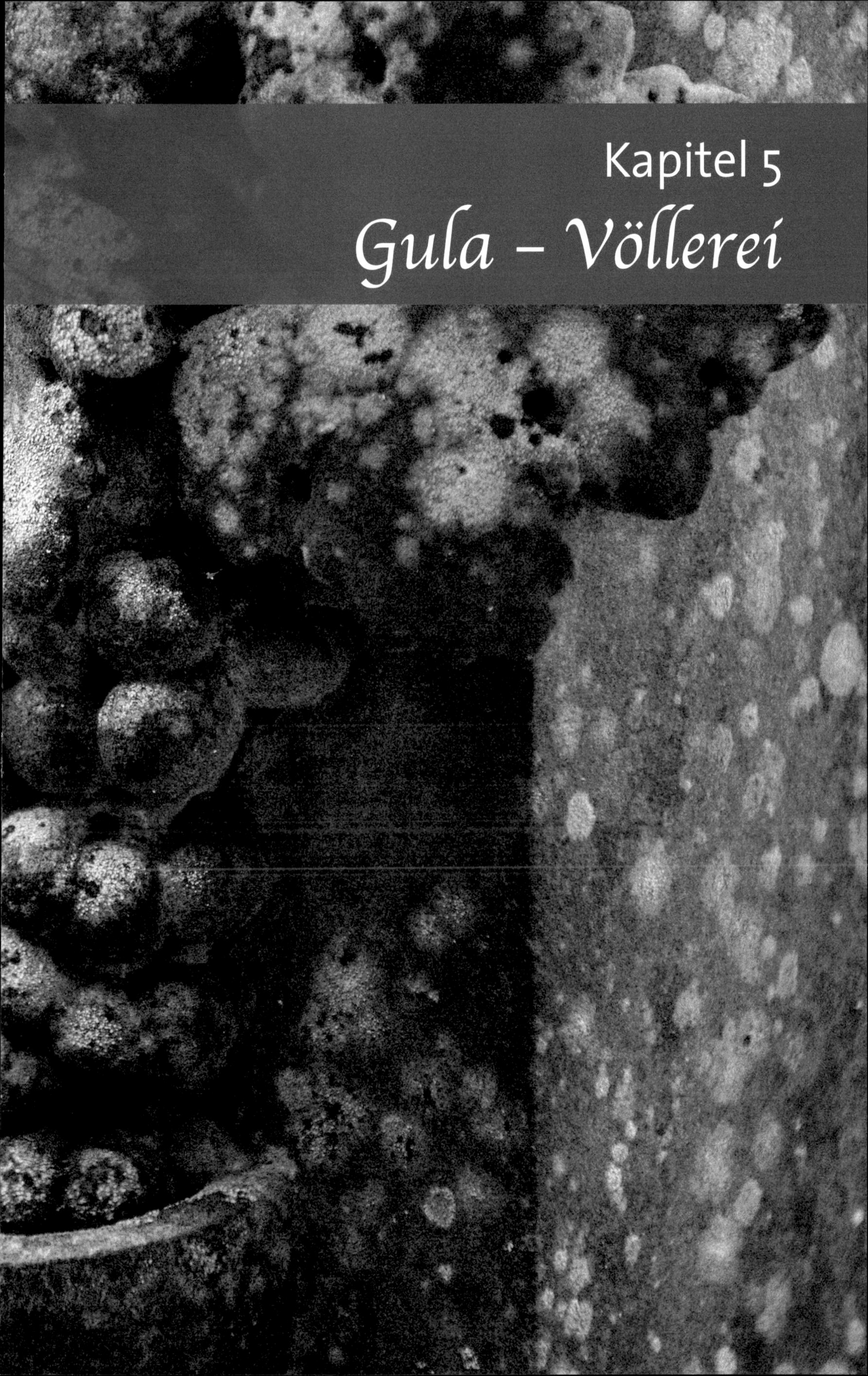

Völlerei, lateinisch »Gula«, bezeichnet das Laster eines Menschen, das ihn zu einem ausschweifenden, ja maßlosen Leben antreibt. Synonyme für Völlerei sind auch Fresssucht, Schwelgerei, Gefräßigkeit und Unmäßigkeit. Der maßlose Mensch weiß die kleinen Freuden nicht mehr zu schätzen und verhält sich undankbar, wenn das ihm Dargebotene seinen (überzogenen) Maßstäben nicht entspricht.

Wie auch der Geiz und die Wollust hat Völlerei ebenfalls einen Kern aus Gier. Gier nach materiellen Gütern, Gier nach Nahrung, Gier nach Erfahrungen, nach Anerkennung und vielem mehr. Der Mensch, welcher der Völlerei anheimgefallen ist, ist maßlos in seiner Begierde und demonstrativ in seiner Verschwendungssucht. Die Todsünde der Völlerei ist von Sucht gekennzeichnet. Das Streben und die Sucht nach dem Mehr sind Vernunft nicht mehr zugänglich. Wir schaffen und häufen an, ohne zu hinterfragen, wofür oder zu welchem Zweck. »Genau wie bei ihrer Schwester, der Wollust, haben wir es bei der Völlerei mit einem Geflecht komplexer Verhaltensweisen zwischen Notwendigkeit und Vergnügen zu tun.«[11]

Dass sie nicht nur beim Essen auch eine Komponente besitzt, die viel mit Genuss, Leidenschaft und Hingabe zu tun hat, macht die Dinge nicht einfacher. Das Schwelgen in Dingen, die uns Wohlbefinden verschaffen und unseren – wie auch immer gearteten Hunger – befriedigen, ist damit gleichzeitig eng an Motivation geknüpft und so wird es umso schwieriger, auf dem schmalen Pfad zwischen Tugend und Sünde zu wandeln.

Wir Fotografen kennen sicherlich – von uns oder anderen – genügend Beispiele für unnötige Anschaffungen. Auf der einen Seite sind frisch gekaufte Bücher, Zeitschriften oder Ausrüstungsgegenstände oft genug Motivation, uns wieder und wieder mit Fotografie zu beschäftigen, andererseits gleiten wir zu gerne ab in bloßen Sammeltrieb. Die Maßlosigkeit der Völlerei bezieht sich allerdings nicht nur auf maßlosen Konsum. Unmäßigkeit kann sich auch darin ausdrücken, dass wir unsere Ansprüche – an uns, an unsere Bilder, an andere – nicht mehr im Griff haben. Wir streben nach Perfektion, sind nie zufrieden und geben uns wenig Zeit für das Lernen und das aktive Arbeiten. Wir sind zum Beispiel maßlos darin, Erfahrungen anderer zu sammeln, nehmen uns aber wenig Zeit, diese Erfahrungen und theoretischen Werte in eigenes Wissen umzuwandeln.

Lesen Sie im kommenden Kapitel, wo sich Völlerei in der Fotografie äußern kann, und mit welchen Tricks Sie ihr ein Schnippchen schlagen. Mit ein bisschen Übung schonen Sie nicht nur Rücken und Geldbeutel, sondern Sie schaffen auch einen leichten und besseren Zugang zu Ihren Bildern.

Gut bestellt ist halb gewonnen

Zu früh, zu erlesen, zu viel, zu gierig, zu teuer – so soll Gregor der Große, Papst im 6. Jahrhundert, Völlerei charakterisiert haben. Er bezog diese Worte auf die Nahrungsaufnahme und die Schlemmerei. Für die meisten Fotobegeisterten kann man das wohl fast eins zu eins auf die Anschaffung von reichlich Ausrüstung übertragen.

Gier und Maßlosigkeit lassen sich theoretisch durch bewussten Verzicht und ein knapp gesetztes Budget kontrollieren. Angesichts permanenter Anreize durch eine der ungezählten Fotozeitschriften sowie der leichten Verfügbarkeit von Equipment jedweder Art und in fast jeder Preisklasse, sind die Abstinenz und Mäßigung des Bestellfingers jedoch nicht leicht zu bewerkstelligen. GAS (englisch: »Gear Acquisition Syndrome«, übersetzt: Ausrüstungskauf-Syndrom) ist immer und überall.

Ausrüstung

Wie auch bei vielen anderen Süchten kommt der Appetit beim Genuss. Je mehr wir unsere Bedürfnisse befriedigen, desto stärker und übermäßiger verlangen wir nach mehr, um eine gewisse Leere zu füllen. Nur, was für eine Leere und von was für einem Bedürfnis reden wir hier eigentlich?

Vielleicht ist da zunächst so etwas wie Langeweile und Unzufriedenheit. Das Wetter ist schlecht und eigentlich haben Sie nicht recht Lust, aus dem Haus zu gehen? Von den letzten Rückmeldungen zu den Bildern, die Sie ins Netz geladen haben, sind Sie enttäuscht und ehrlich gesagt, gefallen Ihnen die Bilder eigentlich selbst nicht? Vielleicht würden ja ein oder zwei Feierabendbier gegen die schlechte Stimmung helfen – nur leider ist es Wochenende und nicht Feierabend und außerdem zeigt die Uhr noch nicht vier. Nun greifen Sie vielleicht zu einem weiteren probaten Mittel, das innere Gleichgewicht wieder herzustellen – dem Frust-Shopping. Man weiß schließlich aus früheren Erfahrungen, dass man sich recht gut in eine angenehme Stimmung hineinkaufen kann. Schuhe, Klamotten, CDs oder Schreibwaren – wer hat die nicht

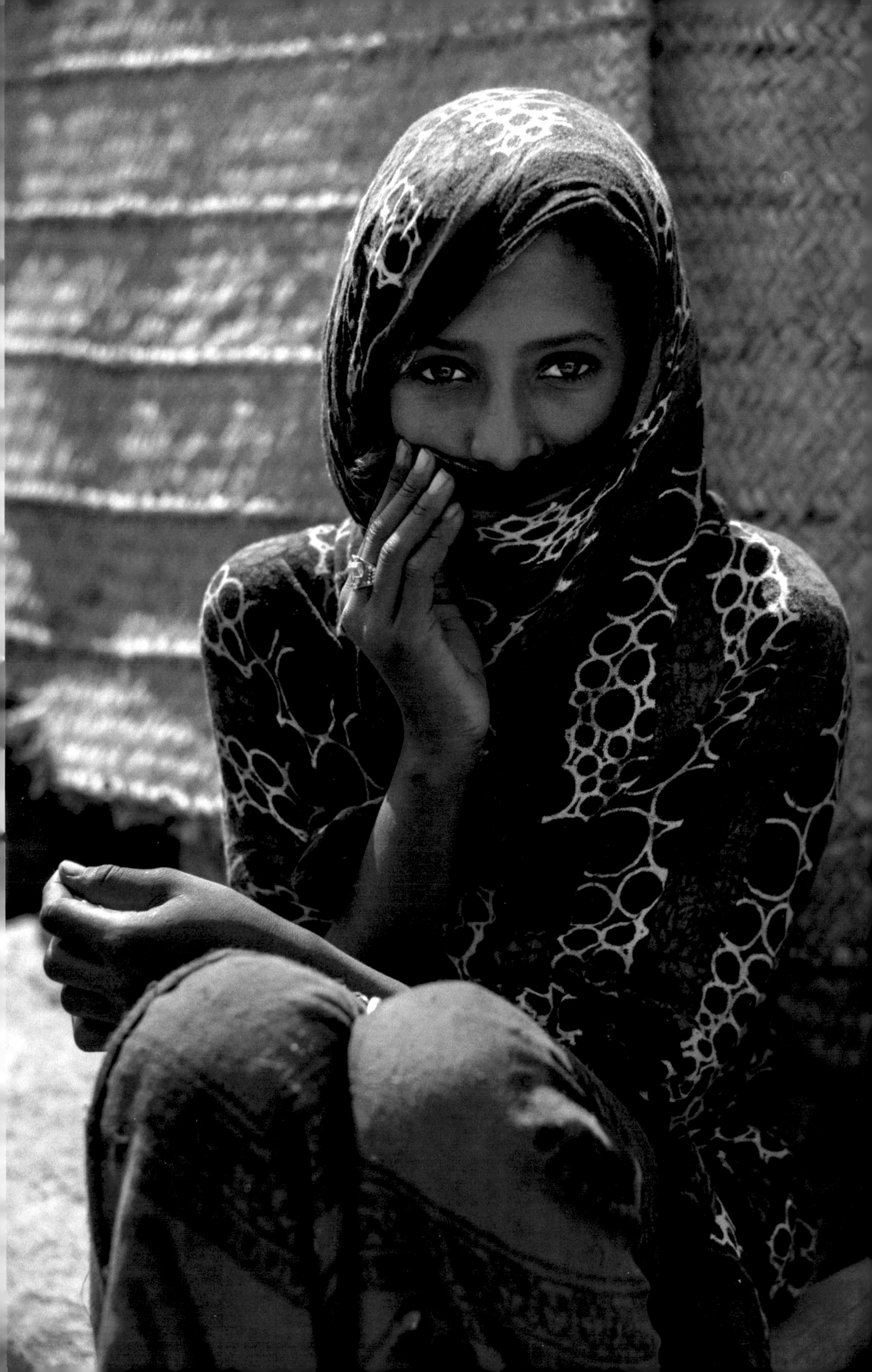

dem Programm, schnappe ich mir ein Weitwinkel. Rechne ich mit der Möglichkeit von Porträts, kommt zusätzlich ein leichtes, aber lichtstarkes Tele mit.

Diese stark reduzierte Auswahl minimiert unnötiges Nachgrübeln, welches wohl die aktuell geeignetste Brennweite sei, und lässt sich gut tragen. Und das, obwohl es sich in der Regel um schweres Mittelformat-Equipment handelt. Mir fehlen damit meist die Aufnahmen mit dem größten Wow-Effekt durch extreme Brennweiten. Das hat allerdings nicht nur Nachteile – die Bilder, die ich heimbringe, kommen oft unseren normalen Sehgewohnheiten sehr nahe und wirken deshalb sehr nahbar.

Aber die Brennweitenlücke ...

Ausrüstung

Meiner Erfahrung nach besteht die größte Brennweitenlücke in unserem Kopf. Wenn Sie flexibler in der Motiv- oder Perspektivauswahl werden und außerdem nicht zu bequem sind, ein paar Extrameter zu gehen, schließen Sie die vermutete Brennweitenlücke ganz automatisch. Weil die einzelnen Objektive dadurch häufiger zum Einsatz kommen, lernen Sie sie über die Zeit sehr gut kennen. Sie werden besser im Prävisualisieren von Aufnahmen und wissen schon, bevor Sie die Kamera hochnehmen, was Sie beim Blick durch den Sucher erwartet. Je mehr Übung Sie darin bekommen, desto besser können Sie sich positionieren. Sie finden dann intuitiv den richtigen Standpunkt, während Sie früher noch mit Linsenwechsel oder dem Drehen am Zoomring beschäftigt waren.

Abb. 5–1

Dieses Bild wurde mit einer 150-mm-Telebrennweite an der 6x7-Mittelformatkamera aufgenommen. Das entspricht dem Kleinbildäquivalent von 75 mm. Dadurch, dass ich nicht mit einer längeren Brennweite unterwegs war, musste ich auf eine maximale Freistellung und malerisch unscharfen Hintergrund verzichten. Als Ausgleich bekomme ich etwas mehr Kontext ins Bild und bin außerdem gezwungen, mit meinem Gegenüber in den Dialog zu treten. Das ist bei Porträts selten ein Nachteil.

Übung macht den Meister

Es wurde schon oft postuliert und es ist weit mehr als eine Binsenweisheit: Einschränkung fördert die Kreativität. Wenn Sie Sorge haben, mit zu wenig mitgeführter Ausrüstung das Wichtigste zu verpassen, trainieren Sie sich im Umgang mit dem Minimum. Stellen Sie sich für Ihren nächsten Fotoausflug eine Aufgabe und bearbeiten Sie diese mit genau einer ausgewählten Festbrennweite. Bestreiten Sie einen ganzen Fototag nur mit einem Normalobjektiv. Oder mit einem 24-mm-Weitwinkel. Sie werden feststellen, dass Sie einen gewissen Ehrgeiz entwickeln, aus dieser einen Brennweite das Maximale herauszuholen. Bonus: Am Ende dieser Übung kennen Sie dieses eine Objektiv ein bisschen besser und Sie haben gelernt, für welche Art von Motiven es sich am besten eignet.

Ausrüstung

Fazit: Nehmen Sie sich die Zeit, Ihre Reise oder Ihren Fotoausflug zu planen. Studieren Sie Reiseführer, die Webseiten des Zielgebiets und eventuell auch die Fotos derer, die schon einmal dort waren. Was erwartet Sie an Motiven? Und viel wichtiger, was interessiert Sie und was wollen Sie unbedingt mitbringen? Diese Überlegungen sollten die Grundlage für Ihre Brennweitenplanung sein.

Tipp

Wenn Sie digital fotografieren, können Sie Ihre Verwaltungssoftware – z. B. Adobe Lightroom – befragen, welches Objektiv Sie am häufigsten verwenden. Diese Auswertung kann Ihnen bei der Planung zukünftiger Ausflüge durchaus nützlich sein.

Da war doch noch was …

Man könnte glatt den Eindruck bekommen, Objektive wären die einzigen Ausrüstungsgegenstände, die es einzukalkulieren gilt. Was jedoch ähnlich ins Gewicht fällt, ist die leidige Frage nach dem Stativ. Hier dürften Sie zwar weniger gefährdet sein, der Völlerei zu frönen – dennoch, ganz einfach fällt die Entscheidung oft nicht. Kommt es mit, bleibt es da? Und wenn ich eines mitnehme, welches ist die beste Wahl?

Die Auswahl eines Stativs ist stark vom Einsatzzweck abhängig. Was haben Sie vor? Wenn Sie die Aufnahme von Landschaften mit langen Belichtungszeiten lockt, benötigen Sie eher ein stabiles Dreibeinstativ. Teleaufnahmen dagegen lassen sich möglicherweise ganz gut mit einem Einbeinstativ bewältigen.

Bei mir selbst habe ich in den letzten Jahren immer mehr eine gewisse Stativträgheit bemerkt. Wenn ich nicht gerade mit meiner Großformatkamera unterwegs bin, wo ein Stativ unerlässlich ist, benutze ich es selbst dann selten, wenn ich es dabeihabe. Das Aufstecken der Kamera und das Hantieren mit den Schellen an den Stativbeinen verlangsamt mich mehr, als mir lieb ist. Immer häufiger verfahre ich nach dem Motto eines Freundes: Die Welt ist mein Stativ. Ich nutze den Boden, Steine oder Mauern, um meine Kamera aufzulegen, oder stabilisiere mich und die Kamera durch Anlehnen an eine Wand. Auch, wenn die Methode natürlich nicht für jeden Fall taugt – es ist erstaunlich, wie viel an Verschlusszeitenspielraum man sich durch Übung erarbeiten kann.

Ausrüstung

Eine andere oft sinnvolle und leichtgewichtige Stativalternative ist der sogenannte Beanbag. Dabei handelt es sich um einen mit Hülsenfrüchten, Reis oder anderer kleinteiliger Schüttware gefüllten Beutel, den Sie hinlegen und zur Stabilisierung und Ausrichtung der Kamera nutzen können! So ein Beanbag findet an vielen Stellen Halt: auf Mauern und Zäunen, in Astgabeln, auf Felsen oder Fensterrahmen. Er hilft überall dort aus, wo die Kamera allein leicht das Gleichgewicht verlieren würde. Auf Reisen macht er sich besonders schlank, wenn Sie ihn leer mitnehmen und erst vor Ort mit einer Tüte Kochbeutelreis oder Linsen füllen.

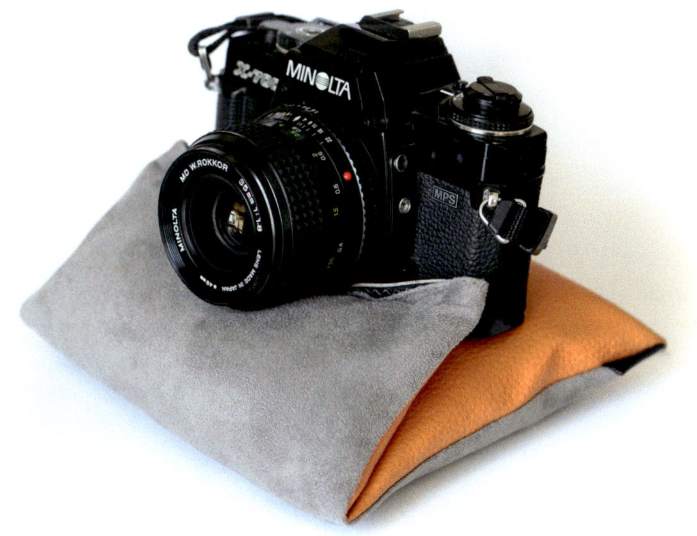

Abb. 5–2
Beanbag mit aufgelegter Kamera. Je nach Größe und Untergrund stützt er Kameras unterschiedlicher Gewichtsklassen.

Was Sie bei aller Mäßigung nie vergessen sollten – sonst wird es teuer: Packen Sie genügend Akkus, das dazugehörige Ladegerät und Speicherkarten ein. Sollten Sie analog fotografieren, sorgen Sie für reichlich Rollen Film in verschiedenen Empfindlichkeitsstufen. Apropos Film – wenn ich auf Reisen digital fotografiere, behandle ich meine Speicherkarten grundsätzlich wie Film. Vor allem deshalb, weil ich nicht jedes Mal auch einen Laptop zum Import der Bilder mitnehme. Stattdessen verfüge ich über eine Armada von hochwertigen Speicherkarten mittlerer Kapazität. Einige wenige große dienen als Backup-Medium im zweiten Kartenfach meiner Nikon D610. Eine Faustregel habe ich immer im Kopf: Je weniger Bilder auf eine Karte passen, desto weniger Aufnahmen verliere ich, sollte doch einmal eine Karte defekt sein. Angenehmer Nebeneffekt im ärgerlichen Diebstahlsfall: Je kleiner die Karten sind, desto weniger Bilder können gemeinsam mit der Kamera entwendet werden.

Ausrüstung

Sie werden feststellen, dass es eigenartig befriedigend ist, mit reduzierter Ausrüstung auf Fotopirsch zu gehen und trotzdem gute Bilder mit nach Hause zu bringen. Weniger Ballast verschafft Ihnen ein Plus an Beweglichkeit, das Sie bald nicht mehr missen möchten.

Auf Flugreisen lohnt es sich, besonders das Fotogepäck auf die wichtigsten Ausrüstungsteile zu beschränken. Je schlanker die Auswahl, desto leichter und stressfreier werden Sie auch durch den Sicherheitscheck am Flughafen kommen.

Fotografieren Sie bewusst

Mit heutigen Digitalkameras haben wir die Möglichkeit, zwischen sieben und elf Aufnahmen in der Sekunde zu machen – dazu muss man oft noch nicht einmal in den High-End-Bereich der Modelle vorstoßen. So nützlich diese Fähigkeit mitunter sein kann, so sehr provoziert sie auch Fragen: Bekommen wir dadurch bessere Bilder? Macht der Serienbildmodus uns zu besseren Fotografen? In beiden Fällen habe ich meine Zweifel.

Aufnahme

Im Englischen gibt es den Ausdruck »Spray and Pray« (übersetzt etwa »Draufhalten und Beten«). Das ist eine inzwischen sehr bekannte Phrase, die unter anderem mit der Praxis des schnellen Schießens von Serien in Verbindung gebracht wird. Und zwar zu

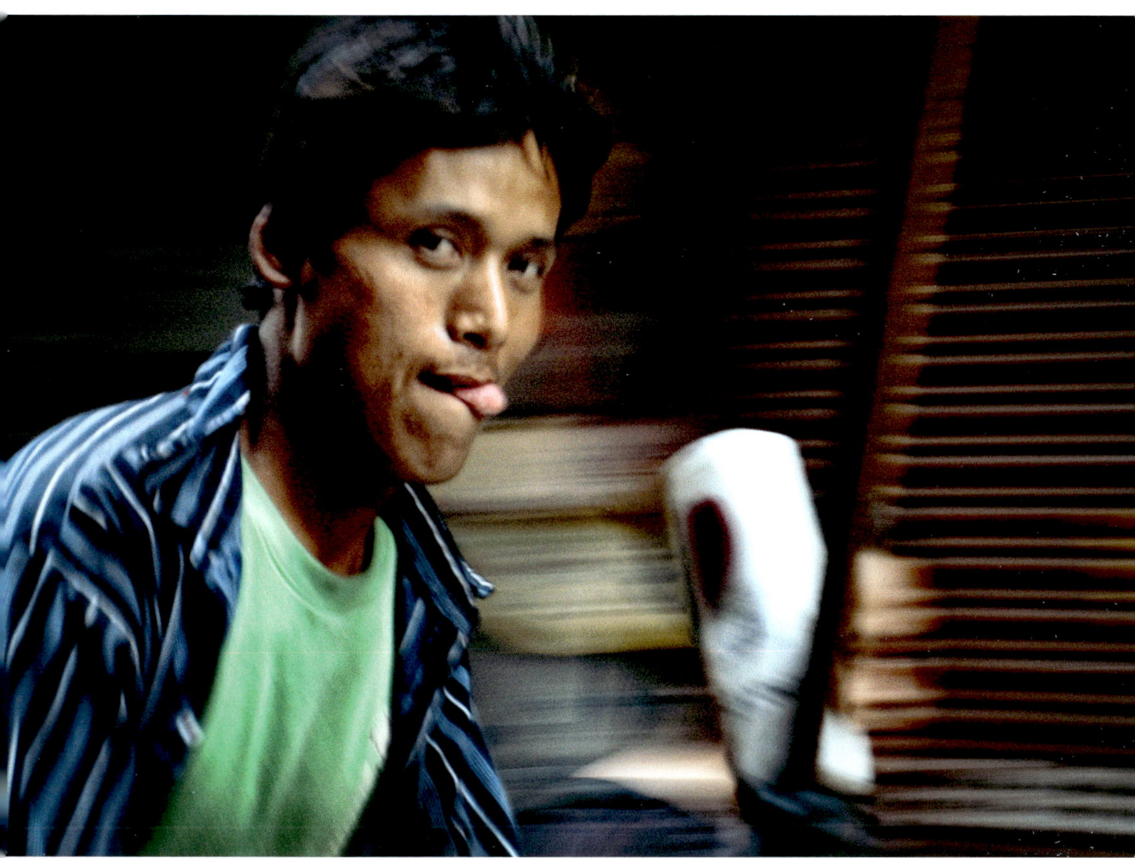

Abb. 5–3 *Im Fall dieses vorbeiflitzenden Rikschafahrers habe ich beim Mitziehen dreimal hintereinander ausgelöst, um den besten Kompromiss aus Position im Bild und einem Mindestmaß an Schärfe einfangen zu können. Tatsächlich war es der erste der drei Schüsse, der am Ende das Rennen machte. Er ist alles andere als perfekt, fängt aber die für mich charakteristische Stimmung in Thamel, dem Touristenviertel Kathmandus, am besten ein.*

dem einzigen Zweck, so möglichst viele Aufnahmen einer Szene einzufangen, um sich hinterher am Computer gemütlich die beste aussuchen zu können. Das ist nicht nur übelste Völlerei, sondern erfüllt auch eindeutig den Tatbestand der Faulheit. Es ist die Antithese des bewussten Arbeitens. Verwechseln Sie Ihre Kamera nicht mit einer Gießkanne, nur weil Sie digital arbeiten und die einzelnen Schüsse nichts mehr kosten. Sie kosten Ihre Zeit – die brauchen Sie nämlich für die Auswahl am Computer – und sie kosten viele vergebene Möglichkeiten, Fotos überlegt zu gestalten.

Aufnahme

Es gibt legitime Gründe, den Serienbildmodus zu nutzen, und das sind Sportfotografie, das Einfangen von Bewegung durch Mitziehen oder der Wunsch, eine Bewegung als Bilderserie abzubilden. In den meisten anderen Fällen macht es mehr Sinn, ein Motiv aus vielen verschiedenen Winkeln und Perspektiven oder in unterschiedlichen Lichtsituationen einzufangen, als ein und dieselbe Ansicht in fünf, sechs oder sieben beinahe identische Aufnahmen zu gießen. Im ersten Fall lernen Sie viel, weil Sie am Motiv arbeiten. Weil Sie sich Zeit nehmen, Texturen zu erkunden oder Hintergründe zu gestalten. Im Serienbildfall lernen Sie viel übers Aussortieren.

Sie können viel über das bewusste Auslösen lernen, wenn Sie sich die Bilder berühmter Fotografen ansehen – sei es im Museum oder in einem schönen Bildband. Besonders gut eignen sich auch Bände mit der Abbildung von Kontaktabzügen. An ihnen können Sie sehr gut erkennen, wie sich Fotografen langsam an das optimale Bild herangetastet haben. Auch die »großen Meister« haben mit Kompositionen experimentiert oder verschiedene Perspektiven getestet. Und wenn beides endlich stimmte, haben sie oft auf der Lauer gelegen, um aus einem perfekt komponierten Bild durch Abpassen des richtigen Moments ein außergewöhnliches Bild zu machen.

Aufnahme

Der entscheidende Moment

Was ist das genau? Für die meisten Fotografen bedeutet es, den Auslöser exakt im richtigen Moment zu drücken. Dann, wenn alles zusammenkommt und alle Elemente im Bild gemeinsam ein vollkommenes Ganzes bilden. Alle Elemente meint: das Licht, der Scheitelpunkt einer Bewegung, ein bestimmter Gesichtsausdruck, die Position des Subjekts, Formen und Komposition. Alles, was zu einem perfekten Bild gehört. Das bedeutet auch, eine bewusste Entscheidung zu treffen, das Foto genau in diesem Moment und genau in dieser Art zu machen. Damit das gelingt, müssen Sie bereit sein, Ihre Kamera und deren Einstellungen zu kennen, Licht und Komposition zu verstehen. Das bedeutet in letzter Konsequenz, dass Sie als Fotograf es in der Hand haben, ob Sie mit einem Foto heimkehren, das Sie begeistert, oder mit einer Speicherkarte voller Bilder, bei denen Sie noch nicht recht wissen, ob Sie damit weiterarbeiten wollen.

Was können Sie tun, um im entscheidenden Moment bereit zu sein? Üben, üben, üben

Es reicht bei weitem nicht aus, noch mehr Bücher und unzählige Blogposts über Fotografie zu lesen, um etwas dazuzulernen. Es ist ein guter Anfang, aber letztendlich müssen all die angelesenen Dinge in Ihr Muskelgedächtnis. Nur so können Sie besser werden. Warten Sie nicht auf spezielle Anlässe, um zur Kamera zu greifen. Nehmen Sie sie einfach überall hin mit. Auch auf einen alltäglichen Spaziergang um den Block. In den Hinterhof. In die Waschküche. Ins Treppenhaus. Fotografieren Sie Familienmitglieder und Freunde. Viele Fotos von unterschiedlichen Dingen zu machen, zählt nicht zur Sünde der Völlerei – es hilft Ihnen, bewusster zu arbeiten.

> *»Die ersten 10.000 Aufnahmen sind die schlechtesten.«*
>
> Helmut Newton, 1920

Werden Sie eins mit Ihrer Kamera

Solange Sie noch nicht Blende, Verschlusszeit und ISO einstellen können, ohne Ihr Auge vom Sucher zu nehmen, kennen Sie Ihre Kamera nicht aus dem Effeff. Bonuspunkte gibt es, wenn Sie auch den Modus des eingebauten Autofokus und das passende Autofokus-Messfeld blind auswählen können. Üben Sie den Umgang mit Ihrer Kamera am besten in Situationen, in denen Sie nicht Gefahr laufen, den richtigen Moment zu verpassen. Dazu eignen sich zum Beispiel Architekturaufnahmen, Makros und Detailfotos oder auch der auf dem Sofa schlummernde Kater.

Aufnahme

Schauen Sie durch den Sucher

Schalten Sie den Live-View Ihrer Kamera ab und schauen Sie stattdessen durch den Sucher. Das hilft Ihnen, sich auf das Geschehen zu konzentrieren. Was passiert im Rahmen Ihres Blickfelds? Wie sieht der Hintergrund aus, lenkt er ab oder rahmt er vielleicht sogar Ihr Hauptmotiv ein. Was geschieht an den Rändern? Läuft jemand ins Bild oder mogelt sich noch ein unscharfer Grashalm in die Szene und lenkt vom eigentlich Wichtigen ab? Machen Sie vor dem Auslösen noch einen Spaziergang durch die Randbereiche Ihres Sucherbilds und sperren Sie alles aus, was stört.

Es braucht etwas Übung, sich zu vergegenwärtigen, was es war, das »Knips mich!« gerufen hat. Das Element oder Moment, das einen anhalten ließ, um die Kamera in Anschlag zu bringen. Es schadet deshalb nicht, sich ab und zu gedanklich zwei Fragen zu stellen: Was ist das eigentliche Motiv meines Bilds? Was hat mich dazu gebracht, den Auslöser zu betätigen? Wenn diese beiden Fragen beantwortet sind, folgen gleich die nächsten: Was kann ich auf meinem Bild weglassen, ohne dass die Bildaussage zerstört wird? Was kann ich weglassen, ohne dass das auslösende Moment verloren geht? Das ist manchmal mehr als man glaubt.

Bildgestaltung

Mehr Klarheit und eine besser definierte Aussage im Bild erreichen Sie durch eine gute Komposition. Sie hilft Ihnen, Informationen im Bild zu verdichten und zu reduzieren. Es gibt verschiedene Ansätze, wie Sie Ihr Bild durch bewusstes Anordnen seiner Elemente verständlicher und eindeutiger machen können. Auf ein paar davon werde ich in den nächsten Abschnitten eingehen.

Weniger ist mehr

> *»Shutters and pupils are meant not to let information in but to shut it out. As anyone knows who has ever held a camera, too much information is easily as blinding as too little.«*
>
> K. C. Cole[13]

Gegen visuelle Völlerei hilft es, alle Dinge wegzulassen, die nicht ins Bild gehören. Darunter fallen Dinge, die keine wichtige Zusatzinformation liefern, oder Elemente und Formen, die ablenken. Ablenken kann alles, was größer, heller, farbiger oder unruhiger ist als das Hauptmotiv. Dazu zählen möglicherweise auch Teile des Subjekts.

Abb. 5–5

Dieses Bild entstand von der Dachterrasse eines Restaurants aus. Eigentlich hätte ich mir in diesem Moment eine längere Brennweite gewünscht. Nur mit einem 150-mm-Teleobjektiv an der DSLR mit APS-C-Sensor bewaffnet, war ich gezwungen, das Motiv hart anzuschneiden, was sich im Nachhinein als optimal herausgestellt hat. Zwar fehlen Teile des Subjekts, aber der harte Schatten liefert den fehlenden Kontext und ist außerdem noch ein interessanter Blickfang. Der Rahmen des Bilds ist maximal gefüllt und es bleibt kein Platz für Dinge, die der Betrachter zum Verständnis des Bilds nicht benötigt.

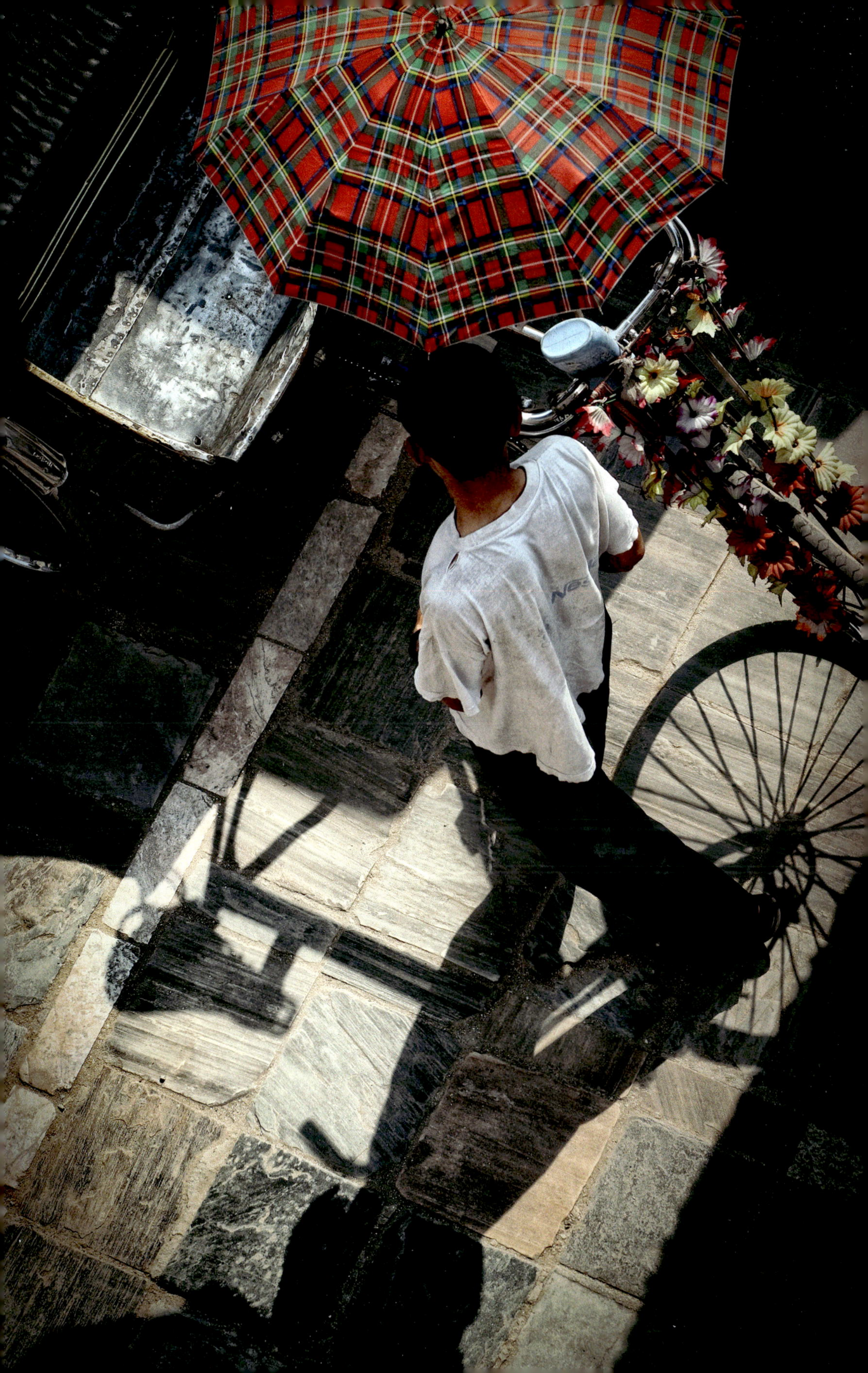

Wenn Sie sehr viel Ruhe ins Bild bringen wollen, füllen Sie den Sucher so vollständig wie möglich mit Ihrem Hauptmotiv. Oft kann auch das scharfe Anschneiden eines Subjekts, das bewusste Wegschneiden von Motivteilen dazu führen, dass noch deutlicher sichtbar wird, worum es geht. Wichtig ist nur, dass genug verbleibt, damit der Betrachter einen Anhaltspunkt für die »geistige« Vervollständigung des Puzzles hat. Hier ist ein ständiges Ausbalancieren zwischen zwei Fragen nötig: Wie viel Kontext bringe ich hinein ins Bild, um die Aussage zu unterstützen, und wie viel lasse ich weg, um Ablenkung vom Hauptmotiv zu vermeiden?

Bildgestaltung

Kontext

Wenn man einmal dem Weglassen verfallen ist, kann es leicht passieren, dass man einen Schritt zu weit geht. Zwar kann man durch scharfes Anschneiden von Bildern auch ein Motivratespiel veranstalten – falls man das aber nicht konkret vorhat, ist Vorsicht geboten. Auch, wenn ein Bild klar strukturiert und aufgeräumt sein sollte,

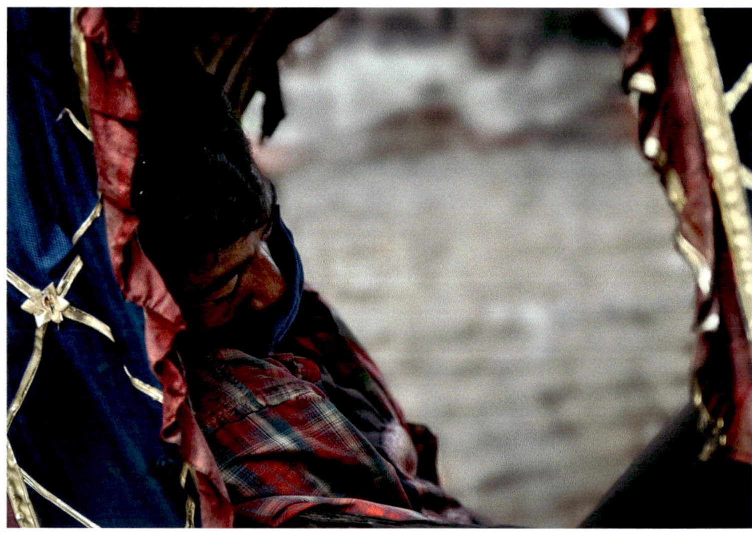

Abb. 5–6 *Bei diesem Bild des in seiner Rikscha schlafenden Fahrers habe ich die Rahmung seiner Person so knapp vorgenommen, dass sich das Bild Außenstehenden nicht mehr erschließt. Ich bin hier klar über das Ziel hinausgeschossen. Nur, wer eine Szene wie diese schon öfter gesehen hat, kann das Bild vervollständigen. Für alle anderen fehlt wichtiger Kontext zum Verständnis.*

gibt es Dinge, die definitiv hineingehören. Das sind Elemente, die Informationen zum Kontext liefern und dem Betrachter mitteilen, wo oder in welchem Umfeld sich der Bildgegenstand befindet. Dabei muss Umfeld nicht allein örtlich gemeint sein, sondern es kann auch kulturell oder gesellschaftlich verstanden werden. Weiterhin sind auch Gegenstände, die etwas über die Größenverhältnisse aussagen, oder auch Personen, die in direkter Beziehung zum Bildgegenstand stehen, wichtige Bildelemente, die viel zum Verständnis beitragen.

Bildgestaltung

Negativer Raum

In diesem Kapitel geht es viel darum, was außer dem Hauptmotiv noch im Bild sein darf. Genauso wichtig ist der Bereich, der zwar nicht Bildgegenstand ist, aber der das Subjekt einrahmt. Dieser sogenannte negative Raum bildet mit seiner Form gewissermaßen ein Passepartout, das die Konturen des Motivs herausarbeitet und es vom Bildrand trennt.

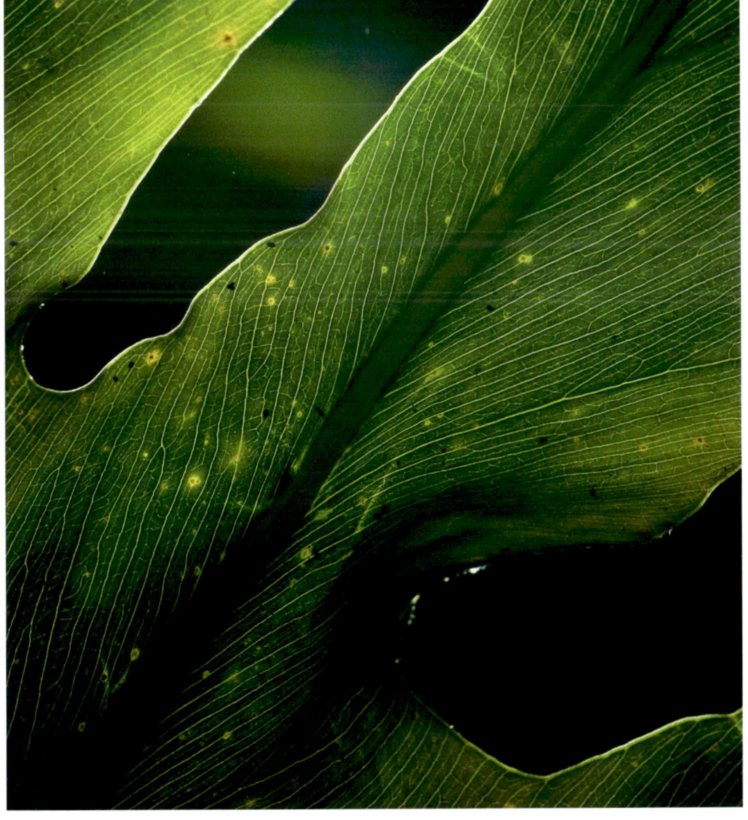

Abb. 5–7
Hier hat der negative Raum dieselbe Form wie die Finger des Blatts. Er ist dunkler als das Hauptmotiv und wird von diesem durch einen Lichtsaum abgeteilt.

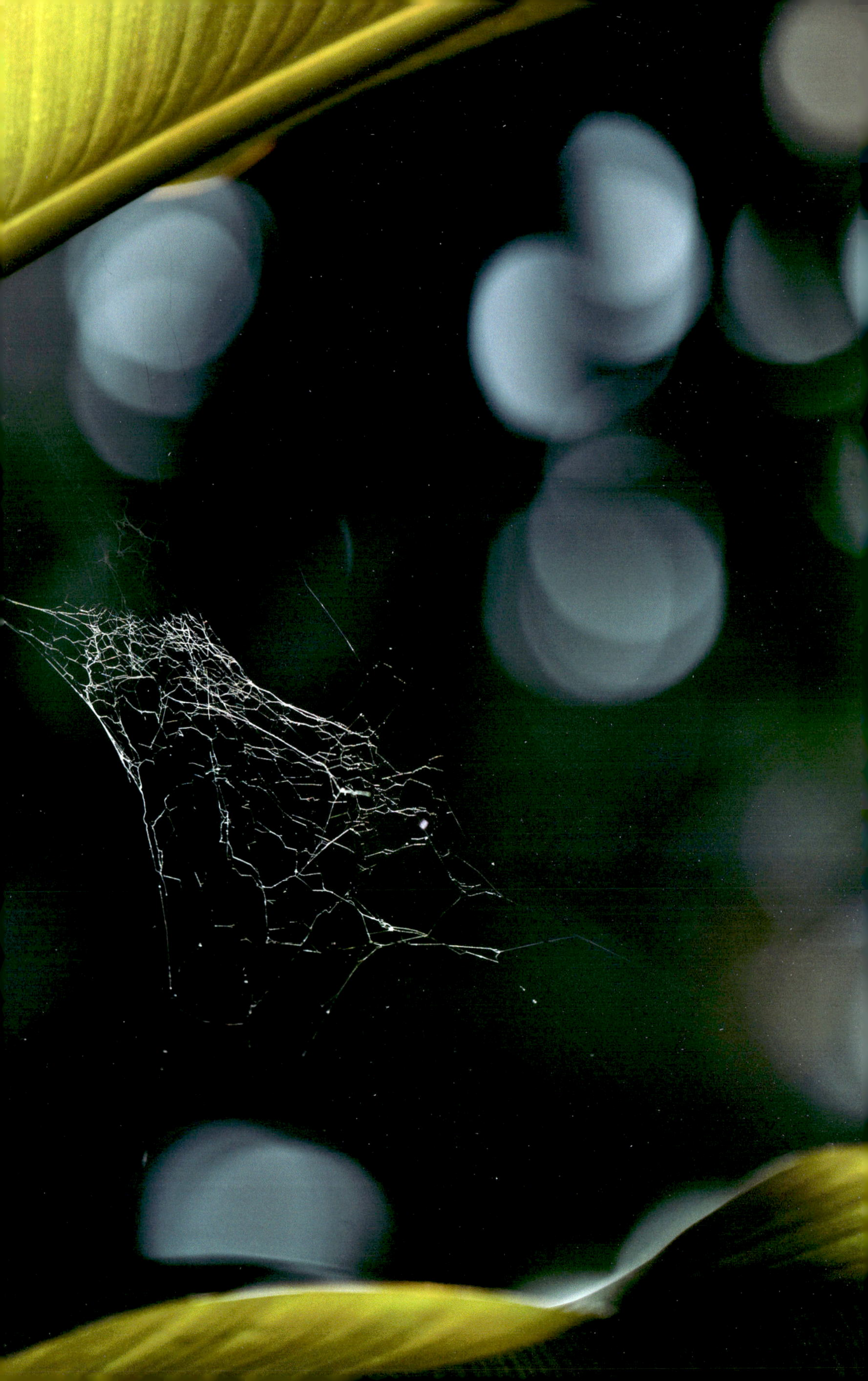

Abb. 5–8
Das zwischen den beiden Blättern aufgespannte glitzernde Spinnennetz gewinnt durch die unscharfen Lichtflecken, die einen farblich interessanten Hintergrund bilden und das zarte Gewebe einrahmen.

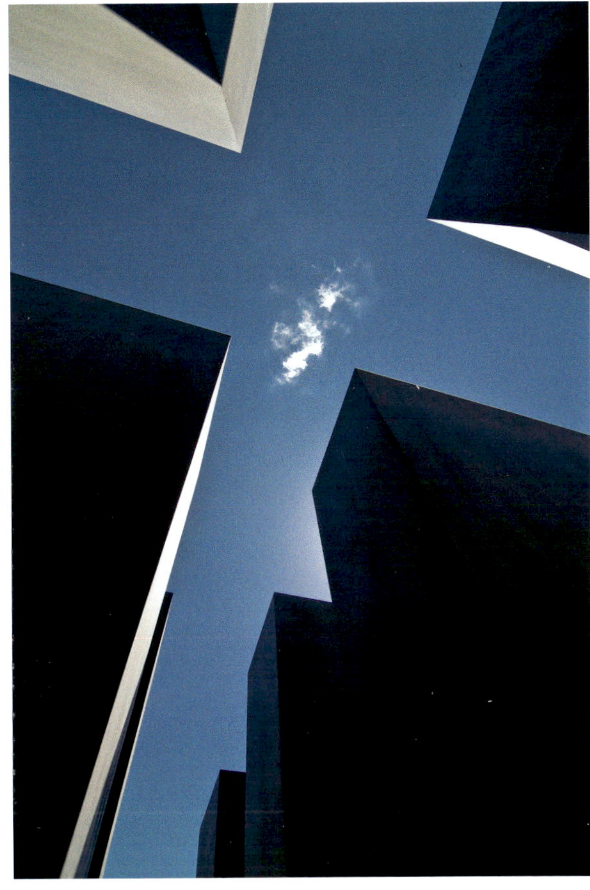

Abb. 5–9
Diese Gedenkstätte ist in ihrer Gänze schwierig zu fotografieren. Ein Blick nach oben fängt hier einerseits die monumentale Form der Stehlen ein, andererseits bietet der kreuzförmige Himmelsausschnitt Spannung durch einen Interpretationsansatz »zwischen den Zeilen«.

Es lohnt sich immer, den negativen Raum bei der Gestaltung des Bilds in die Überlegungen mit einzubeziehen. Er kann helfen, Ihr Motiv richtig in Szene zu setzen, dem Blick des Betrachters Halt und Ruhe zum Verweilen zu geben und diesen zu lenken.

Den Umgang mit negativem Raum können Sie üben, indem Sie eine Zeit lang Bilder sammeln, in denen er eine große Rolle spielt. Erwarten Sie keine preisverdächtigen Aufnahmen, hier geht es ausschließlich darum, den Blick zu schärfen.

Bildgestaltung

Betrachten Sie Ihr Motiv genau. Wenn Sie Pflanzen anschauen, vergegenwärtigen Sie sich nicht nur die Blätter, sondern genauso sehr den Raum dazwischen. Wenn Sie in einer Häuserschlucht fotografieren, betrachten Sie die Form des Himmelsausschnitts. Fragen Sie sich: In welchem Verhältnis stehen Form und umgebender Raum zueinander. Was kann der negative Raum für mein Bild tun?

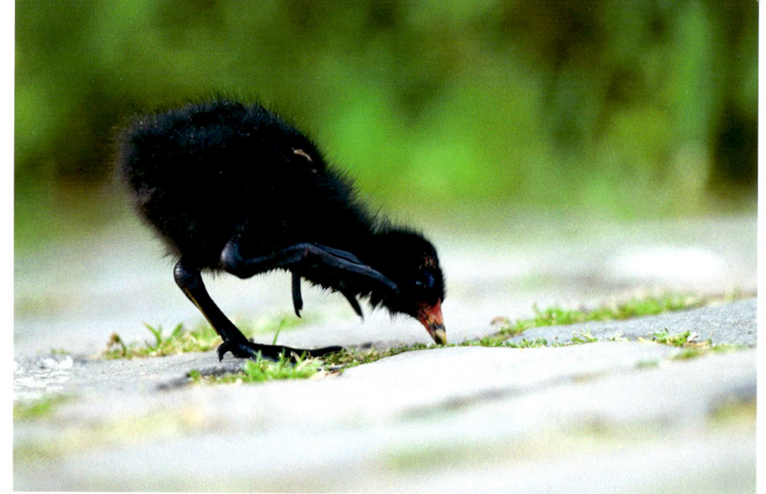

Abb. 5–10
Das Bild des kleinen Kükens auf Nahrungssuche ist nur in einem kleinen Bereich wirklich scharf. Die Fläche rund um die Schärfeebene rahmt das Tier in weichen Farbverläufen ein.

Schärfe

Es ist so selbstverständlich, dass es schon wieder banal klingt: Ein bewusstes Setzen des Fokus während der Aufnahme ist ein wichtiger und vor allem ein kreativer Akt. Machen Sie sich trotz Einsatz der Kameraautomatik ab und zu Gedanken darüber, welchem Teil im Bild Sie den höchstmöglichen Grad an Schärfe spendieren wollen. Wenn Sie sich sicher sind, welcher Part derart wichtig ist, dass Sie auf ihn den Fokus setzen, ist es hinterher auch für den Betrachter klarer, wohin er seine Aufmerksamkeit richten soll. Machen Sie sich klar, dass ein gutes Bild nicht zwangsläufig überall scharf sein muss. Durch ein bewusstes Setzen der Schärfeebene und gezielten Einsatz von Schärfentiefe können Sie mehr oder weniger bildwichtige Elemente gegeneinander ausbalancieren und dadurch die Aufmerksamkeit des Betrachters steuern.

Bildgestaltung

Linien

Linien und Kurven tragen etwas dazu bei, dass unser Gehirn intuitiv begreift, was das Hauptmotiv ist. Beziehen Sie zum Subjekt leitende Linien mit ins Bild ein. Diese führen das Auge des Betrachters wie auf Schienen zum Hauptmotiv. Dazu müssen sie nicht einmal unbedingt komplett scharf abgebildet sein, das hinleitende Moment funktioniert auch mit partieller Unschärfe. Gezielt eingesetzte Unschärfe hilft gleichzeitig, das Hauptmotiv auf eine visuelle Bühne zu setzen.

Abb. 5–11
Durch geschickte Wahl der Perspektive fluchten die Linien der Mauer so stark zur rechten Seite des Bilds, dass sie den Blick des Betrachters automatisch an der Hauptperson, dem schlafenden Jungen, vorbeiführen.

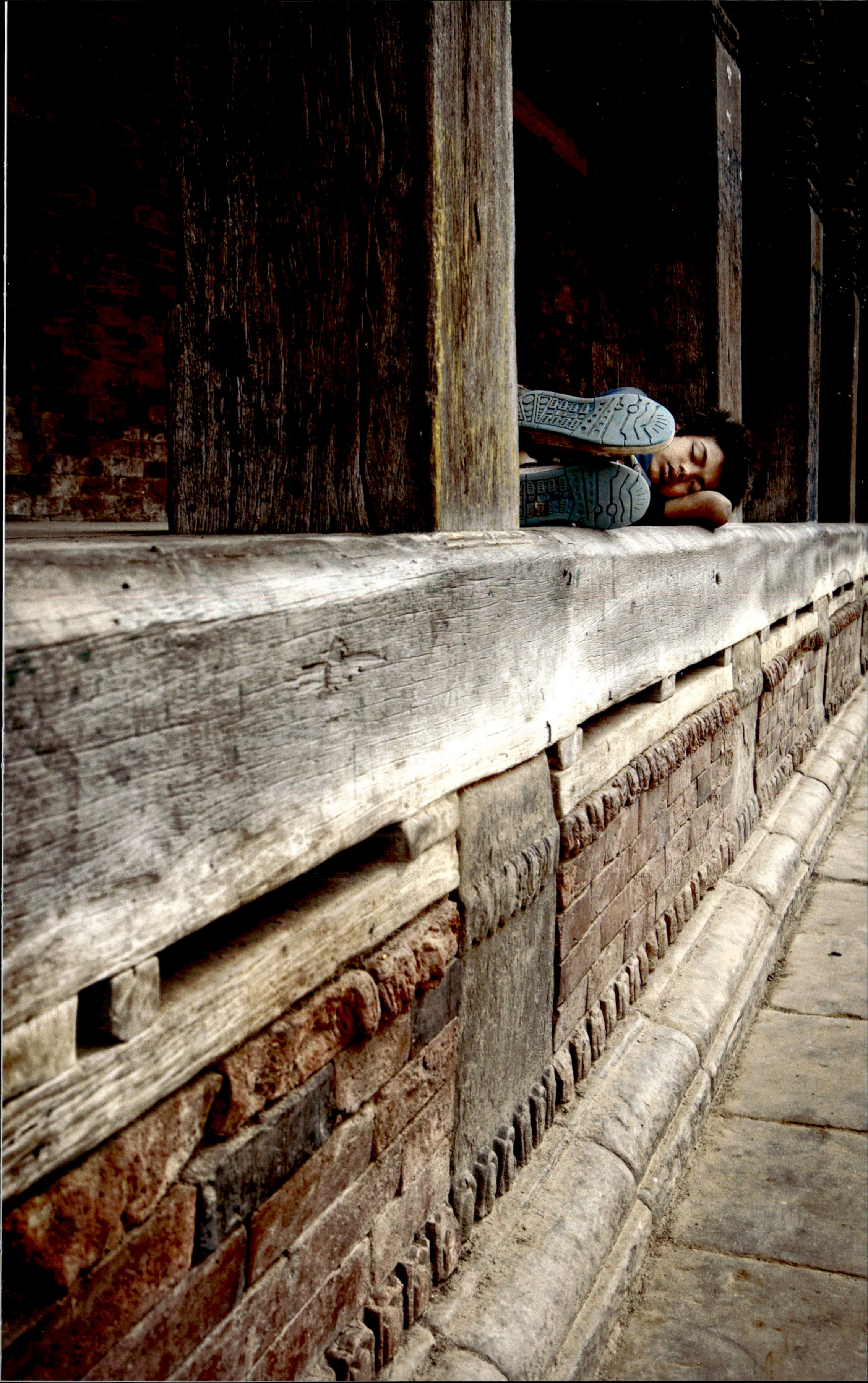

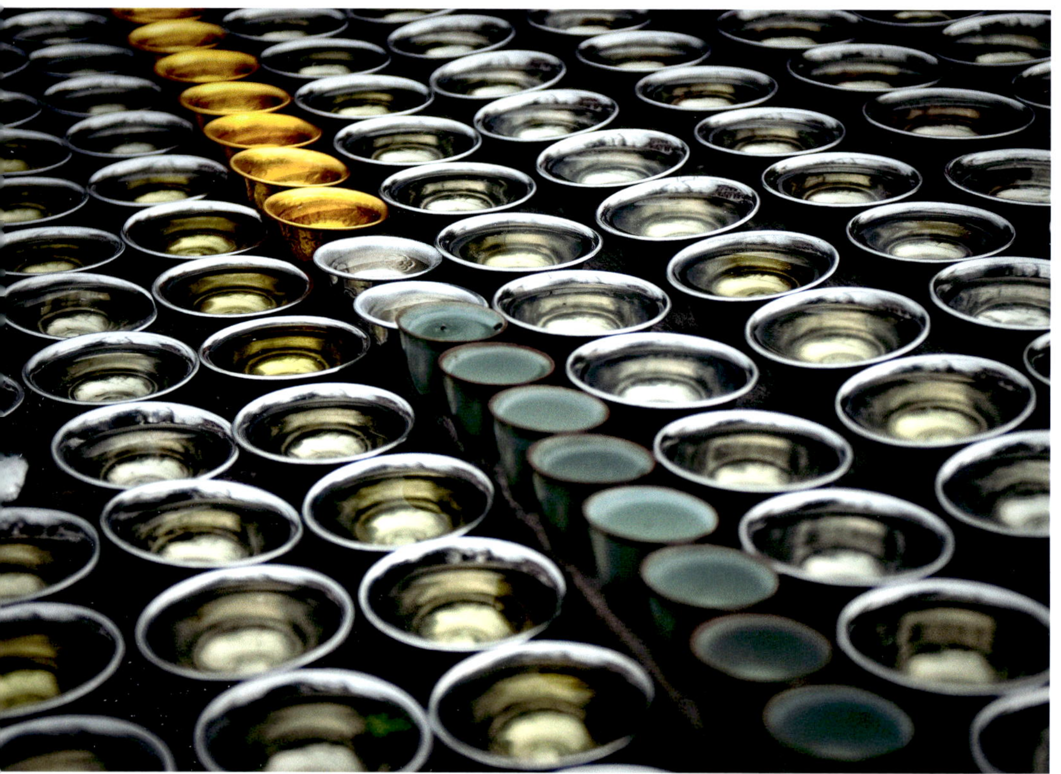

Abb. 5–16 *In der Einförmigkeit der gleichartigen silbernen Butterlampen wird das Auge sofort auf die Reihe blicken, in der die farbigen Lampen aufgereiht sind. Sie verstoßen in ihrer Andersartigkeit gegen das Gesetz der Prägnanz.*

Aufmerksamkeit auf sich. Es bedeutet auch, dass andersartige Elemente uns sofort ins Auge fallen.

Wenn Sie dagegen die Wiederholung durch eine Lücke oder ein Element unterbrechen, das nicht dazuzugehören scheint, erzeugen Sie einen Moment der Irritation. Sie verstoßen gegen das Prinzip der Prägnanz. Beim Betrachter wirft so etwas automatisch die Frage des »Warum?«, »Wieso?« oder auch des »Wer war das?« auf. Auf diese Weise sichern Sie Ihrem Bild mindestens einen zweiten oder auch dritten Blick der Zuschauer.

Bildgestaltung

Wenn die Elemente in der Wiederholung im Vergleich zum Bild sehr klein werden, erzeugen sie eine interessante Struktur oder Textur. Solche Texturen können für sich ein eigenes Bild darstellen oder – bewusst geplant – auch als Hintergrund genutzt werden.

Formen und Gruppen: die Gute Gestalt

Weiterhin können wir angedeutete Formen dazu nutzen, ein Bild visuell aufzuräumen und dadurch für den Betrachter Klarheit zu schaffen. Das menschliche Gehirn hilft uns dabei, weil es wahrgenommene Objekte zu einer – möglichst einfachen – gedachten Form (= Gute Gestalt) vervollständigen möchte. Diese Form bringt Struktur ins Bild und lenkt die Aufmerksamkeit. Besonders gut gelingt das, wenn Sie Ihre Bilder mithilfe von einfachen geometrischen Formen wie Kreisen, Rechtecken oder Dreiecken komponieren. Jeder von uns kennt diese Formen bereits aus der Kindheit. Sie sind uns so vertraut, dass wir – sobald wir sie erkennen – automatisch ein Gefühl von Ordnung empfinden.

Bildgestaltung

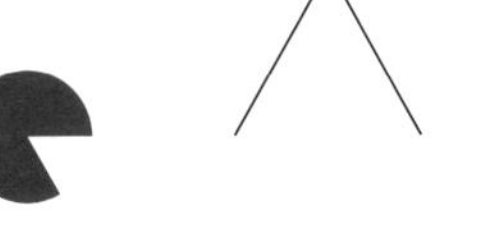

Abb. 5–17
In der Grafik sind drei zu je einem Sechstel angeschnittene Kreissegmente und drei spitze Winkel zu sehen. Dennoch sehen die meisten Betrachter ein weißes Dreieck oberhalb eines schwarz umrandeten Dreiecks

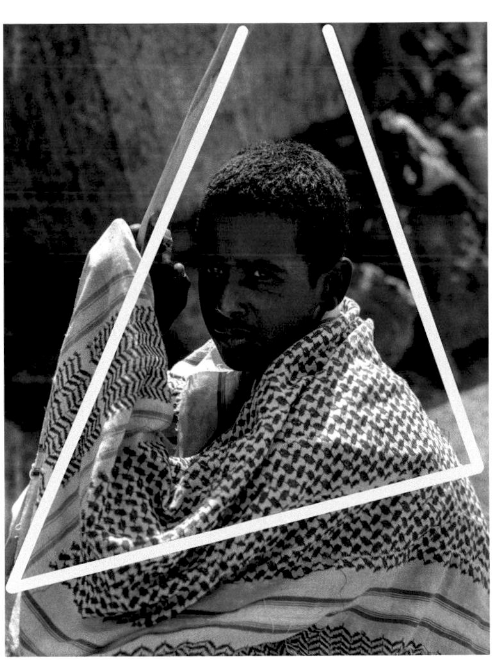

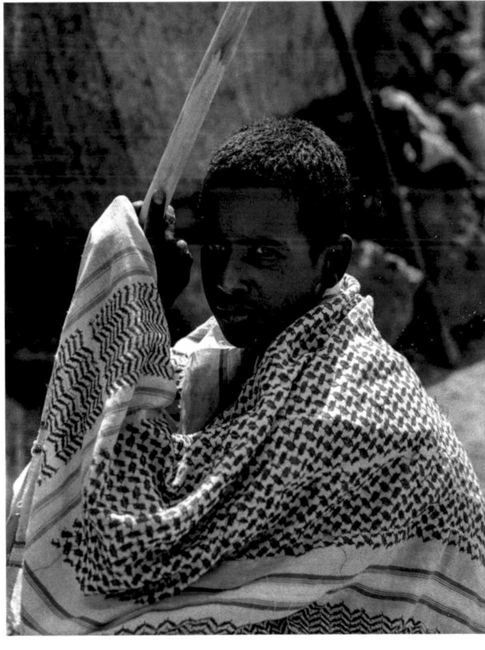

Abb. 5–18 *Der Junge bildet in seiner kauernden Haltung zusammen mit seinem Hirtenstab und dem Stab im Hintergrund ein Dreieck, das klar den Rahmen dieser Aufnahme dominiert. Innerhalb dieses Dreiecks befindet sich sein Gesicht.*

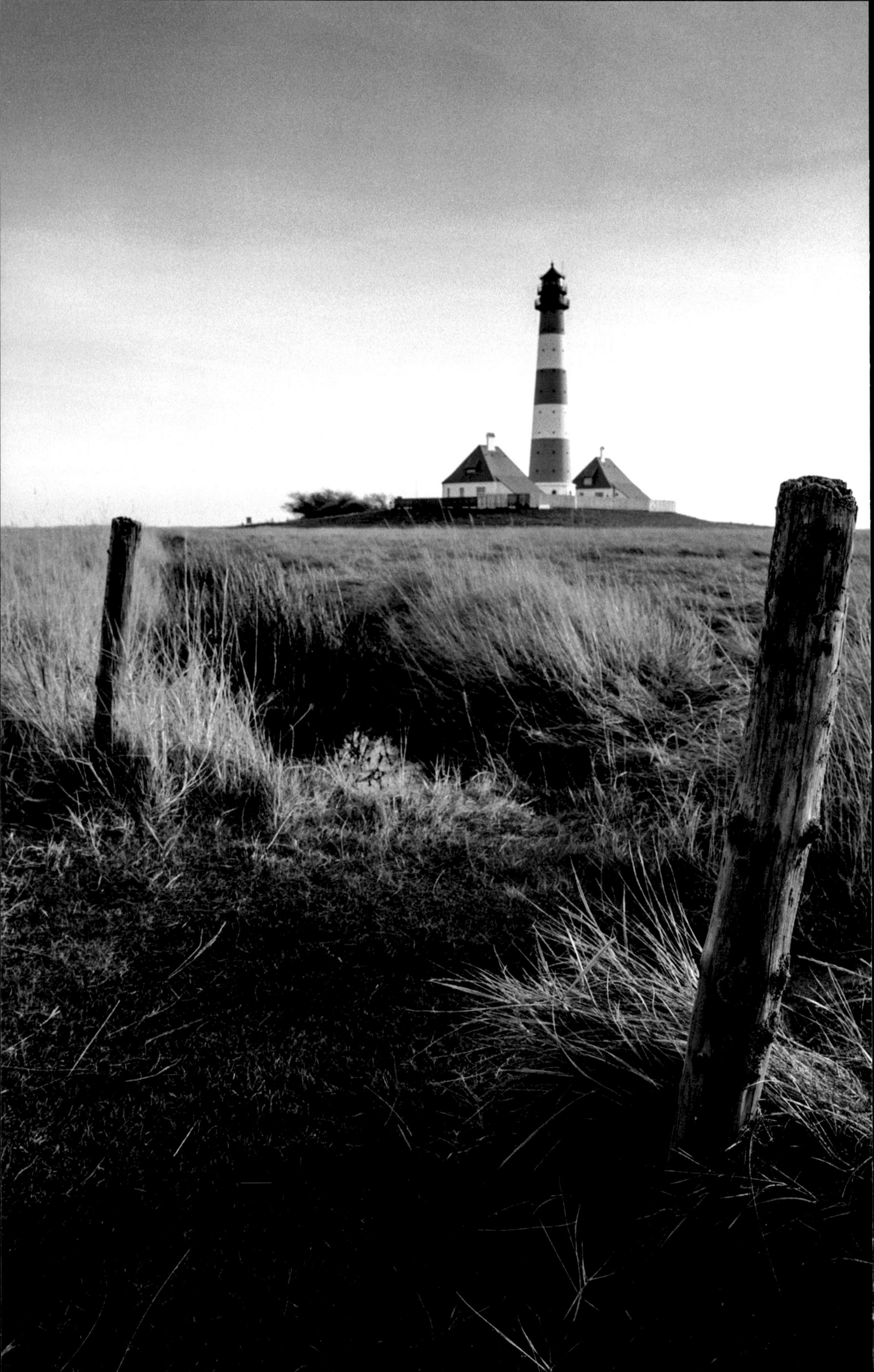

Das Arbeiten mit Ebenen: Vorder-, Mittel- und Hintergrund

Ein wichtiges gestalterisches Mittel, um Klarheit in ein Bild zu bekommen, ist die Anordnung von Bildelementen in verschiedenen Ebenen. Wenn Sie Vordergrund, Mittelgrund und Hintergrund gezielt einsetzen, können Sie im Bild Räumlichkeit und Ordnung erzeugen. Dabei kann sich Ihr Subjekt auf jeder der drei Ebenen befinden und durch ein Element auf einer der beiden anderen Schichten vervollständigt und oder unterstützt werden.

Bildgestaltung

In der Regel ist das Hauptmotiv scharf abgebildet, doch muss auch das nicht unbedingt sein. Solange die eingesetzten Ebenen nicht zu viele Elemente enthalten, kann man durchaus auch mit Unschärfe auf dem Subjekt arbeiten, ohne die Bildwirkung zu beeinträchtigen.

Durch die Verwendung eines Weitwinkelobjektivs können Sie Elemente im Nahbereich sehr prominent erscheinen lassen. Wenn Sie dort Ihr Motiv ansiedeln, wird es Sie geradezu anspringen. Auch mit

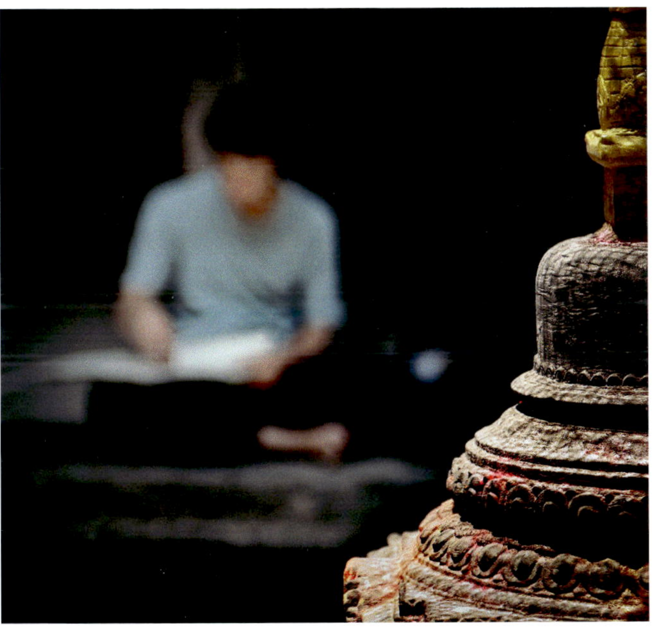

Abb. 5–19
Hier wird durch das scharf abgebildete Element im Vordergrund der Kontext gesetzt. Die kleine Stupa in Rot- und Goldtönen deutet das religiöse Umfeld – hier einen Tempel – an, während der Künstler im Hintergrund, der die Szene zeichnet, bewusst unscharf abgebildet wurde. Die helle Fläche in der Unschärfe zieht das Auge an und zwingt so den Betrachter, sich Gedanken zum Motiv zu machen.

Abb. 5–20
Hier helfen die beiden Pfosten in Vorder- und Mittelgrund, den Leuchtturm als Hauptmotiv einzurahmen und damit zu unterstützen. Die Textur des Strandhafers schafft einen interessanten Mittelgrund, ohne vom Hauptmotiv abzulenken.

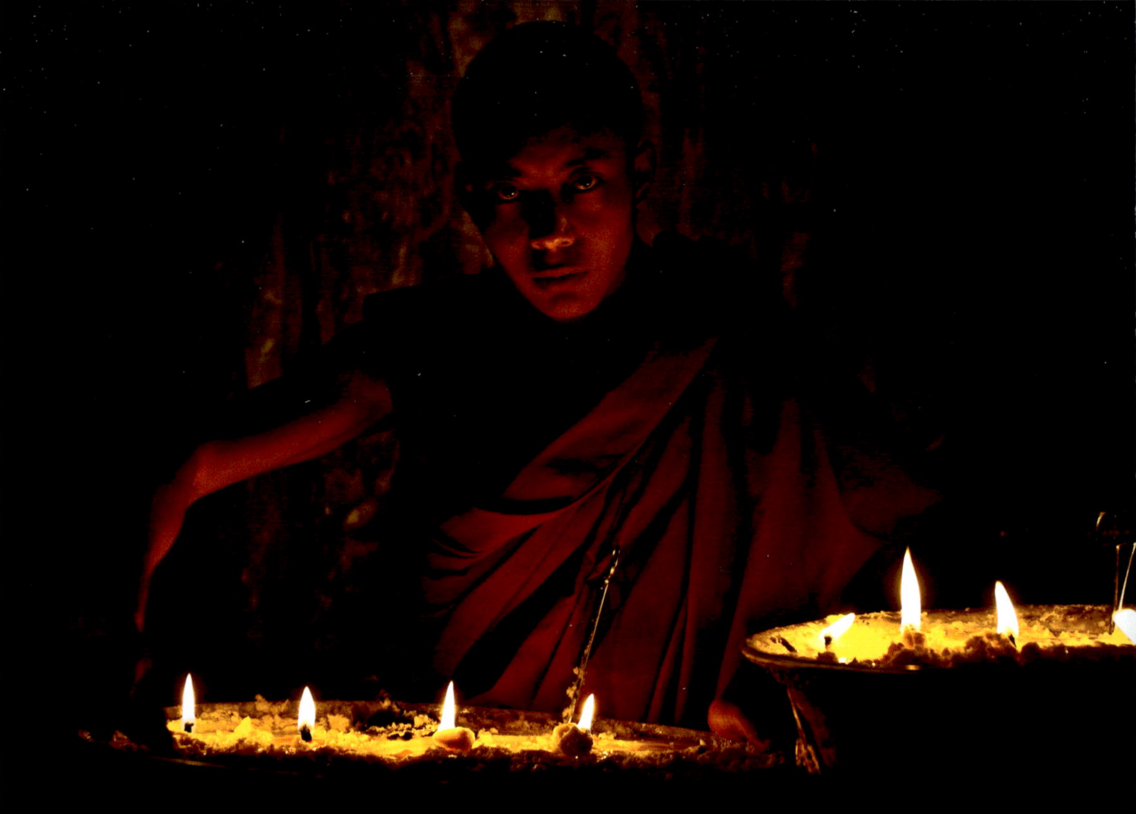

Abb. 5–23 *Auch hier ein Beispiel, wie der Raum mit seinen vielen Details in den Hintergrund tritt, wenn diese Hell-Dunkel-Technik angewendet wird. Der Kontrast zwischen dem von Kerzenlicht beschienenen Gesicht und dem im Schatten liegenden Klosterraum ist so groß, dass nichts von der Szene ablenkt. Beleuchtet sind lediglich die Gestalt des tibetischen Mönchs und die Butterlampen, um die er sich kümmern muss.*

Der Schatten in der Hauptrolle

Bildgestaltung

Besonders klare Bilder kann man erschaffen, wenn man den Schatten ausnahmsweise zum Subjekt macht und ihm nicht nur die unterstützende Nebenrolle zuweist. Besonders auf einförmigen Hintergründen kommen harte Schatten gut zur Geltung. Das kann bei entsprechendem Standpunkt auch bei hoch stehender Mittagssonne gut funktionieren. Die Resultate sind sehr grafisch und in der Formensprache klar. Wenn man das schattenwerfende Objekt ganz oder teilweise aus dem Bild herausnimmt, ergibt sich ein Rätselmoment für den Betrachter. Das macht diese Art von Motiven zu einem interessanten Feld für Experimente.

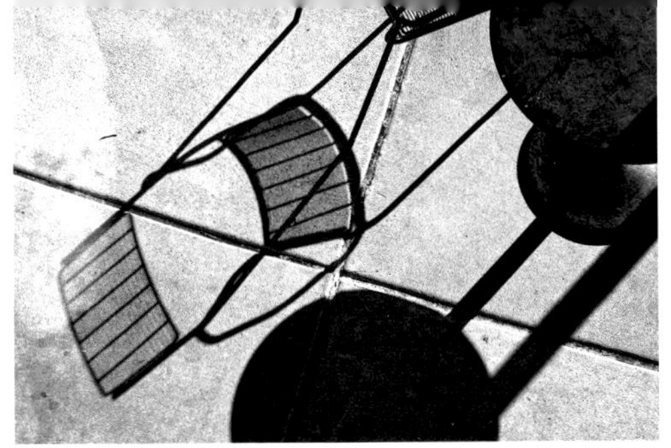

Abb. 5–24
Hier sind Tisch und Stuhl nur stark angeschnitten im Bild. Den Großteil des Rahmens füllt der weitaus interessantere Schatten.

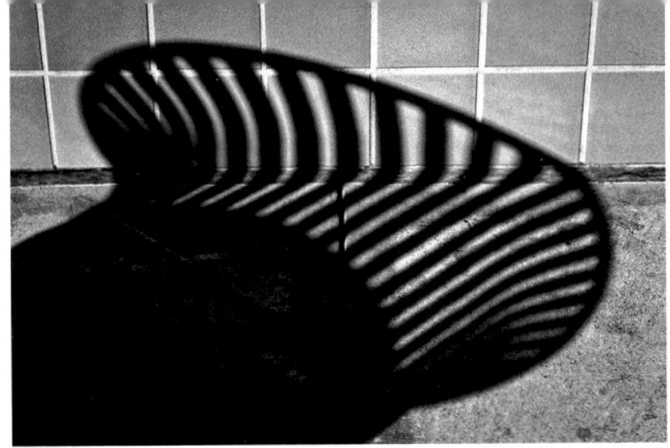

Abb. 5–25
Nur wenige Meter von den Tischen und Stühlen der Bistroterrasse entfernt stand ein großer Abfallkorb. Sein verzerrter Schatten an der Wand war bedeutend attraktiver als seine Figur in abblätterndem grünen Lack.

Farben und ihre Wirkung

Farbe hat viele Funktionen im Bild, sie ist weit mehr als Physik. Farbe informiert, beeinflusst und interagiert mit uns auf diversen emotionalen Ebenen. Farbe kann attraktiv auf uns wirken, kann abschrecken oder warnen. Manche Farben wie blau und grün wirken auf uns beruhigend, andere anregend. Farbe steuert immer die Aufmerksamkeit. Und weil Farbe so viel mit uns tut, ohne dass wir als Betrachter das willentlich beeinflussen können, gilt es sorgsam mit ihr umzugehen.

Unser Gehirn hat die Fähigkeit, Licht in Abhängigkeit von dessen Spektrum unterschiedlich wahrzunehmen. Grund dafür ist die Tatsache, dass das Auge über verschiedene Typen von Sinneszellen verfügt, die ihr – für sie jeweils typisches – Empfindlichkeitsmaximum bei Licht unterschiedlicher Wellenlängen haben. Das bedeutet, wie wir Farben von Dingen sehen, ist stark von Menge und Beschaffenheit des Umgebungslichts abhängig: Oberflächen können nur in den Farben erscheinen, die auch im Spektrum des Umgebungslichts enthalten sind. Im Halbdunkeln, also bei wenig Licht, sehen wir fast keine Farben, denn die Sehzapfen im Auge werden durch das gerin-

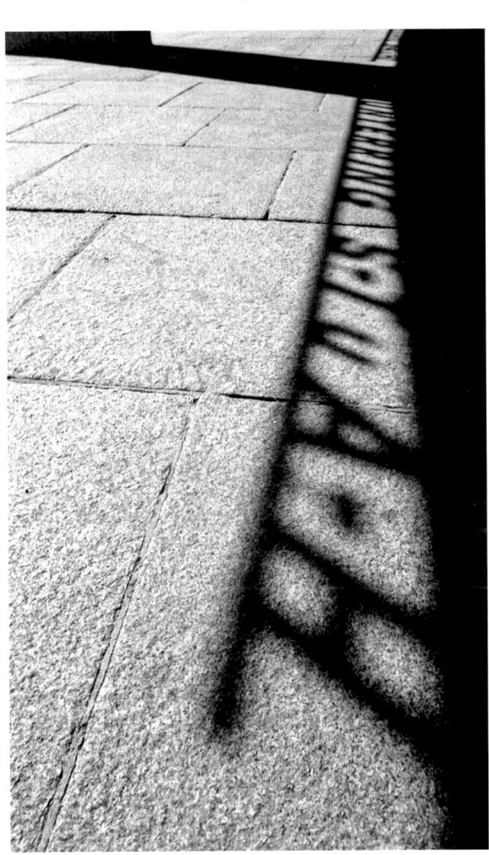

Abb. 5–26
Hier bilden die Schatten der Hinweisschilder zu den Stadionrängen ein interessantes Muster auf dem Boden. Der Betrachter kann gar nicht anders, als den Kopf schief zu legen und zu lesen, was der Schatten auf den Boden schreibt.

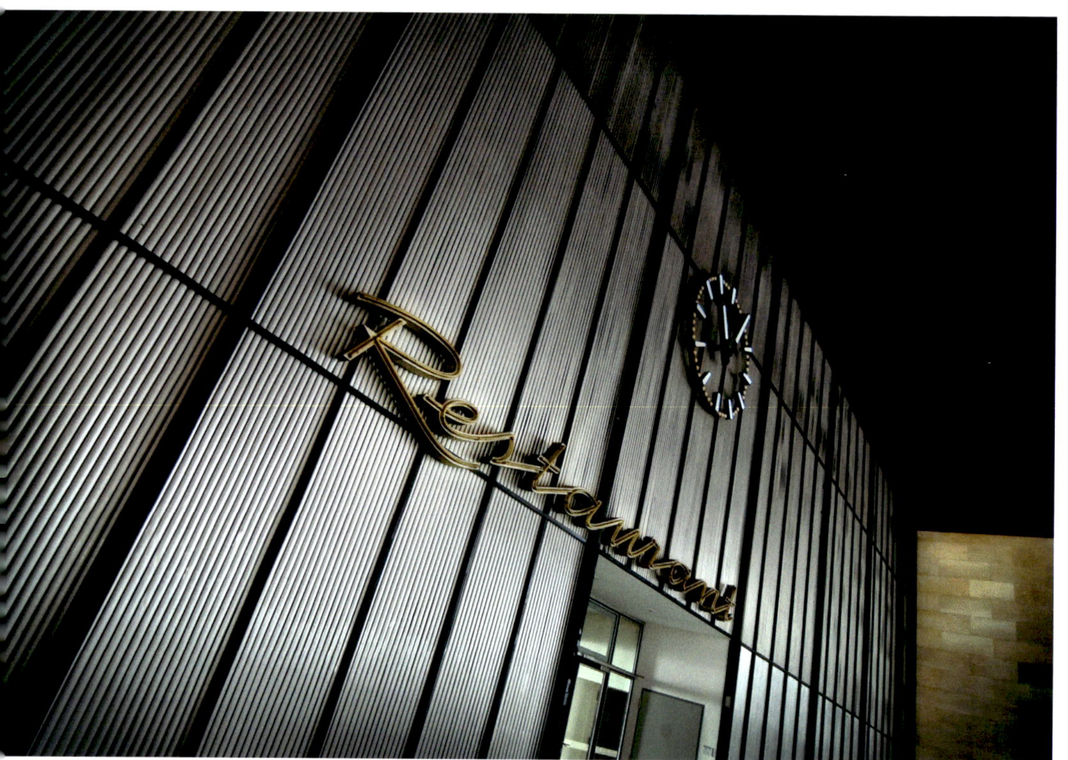

Abb. 5–27 *Bei einem Ausflug in den stillgelegten Flughafen Tempelhof weckte die Wand zum Restaurant mein Interesse. Ihre Struktur, der warmgoldene Schriftzug und die angrenzende rote Decke ergeben eine interessante Mischung mit unwiderstehlichem Retro-Charme. Die rote Fläche galt es zu minimieren, damit sie das Bild nicht zu stark dominiert. Ich habe den Standpunkt so gewählt, dass sie nur noch als Farbakzent und Gegenpol zur großen hellen Fläche und dem Schriftzug fungiert.*

gere Umgebungslicht kaum noch gereizt. So sind Farben und ihre Wirkung auf uns äußerst relativ. Besonders, da unsere Wahrnehmung von Farben mindestens so stark von kulturellen Aspekten oder Erfahrung wie von den optischen Gesetzen beeinflusst ist. Jeder Mensch hat – basierend auf seinen Erfahrungen – eine eigene Lieblingsfarbe. Weiterhin werden in jedem Kulturkreis den einzelnen Farben jeweils andere Wirkungen zugeschrieben.

Bildgestaltung

Einige wenige Aspekte sind jedoch nahezu allgemeingültig und wenn Sie sich derer in der Gestaltung Ihrer Bilder bewusst sind, können Sie ihren Aufbau gezielt beeinflussen.

Grundsätzlich unterscheiden wir warme und kalte Farben. Kalte Farben wie Blau und Grün treten visuell in den Hintergrund. Warme Farben wie Rot oder Orange drängen sich in den Vordergrund. Auch kleinste rote Elemente im Bild ziehen den Blick des Betrachters auf sich – gewollt oder ungewollt. Ähnliches gilt für Orange. Weiterhin haben kräftige Farben der ersten Ordnung – sogenannte Primärfarben – die Eigenschaft, mehr Aufmerksamkeit als gemischte Farben der zweiten Ordnung zu wecken. Besonders in einem Umfeld mit gedeckten oder pastellfarbenen Tönen fällt jede kräftige Farbe sofort ins Auge.

Bildgestaltung

Achten Sie deshalb verstärkt auf Elemente in knalligen Farben und versuchen Sie, deren Anzahl oder Fläche im Bild gezielt zu beeinflussen. Dieses visuelle Editieren können Sie entweder durch Veränderung der Perspektive oder durch Wahl der entsprechenden Brennweite vornehmen. Planen Sie Ihre Bilder so, dass eher wenige Farben zu sehen sind. Wenn Sie sich auf komplementäre Farben beschränken – also solche, die sich im Farbkreis gegenüberstehen, bekommen Sie besonders plakative Fotos.

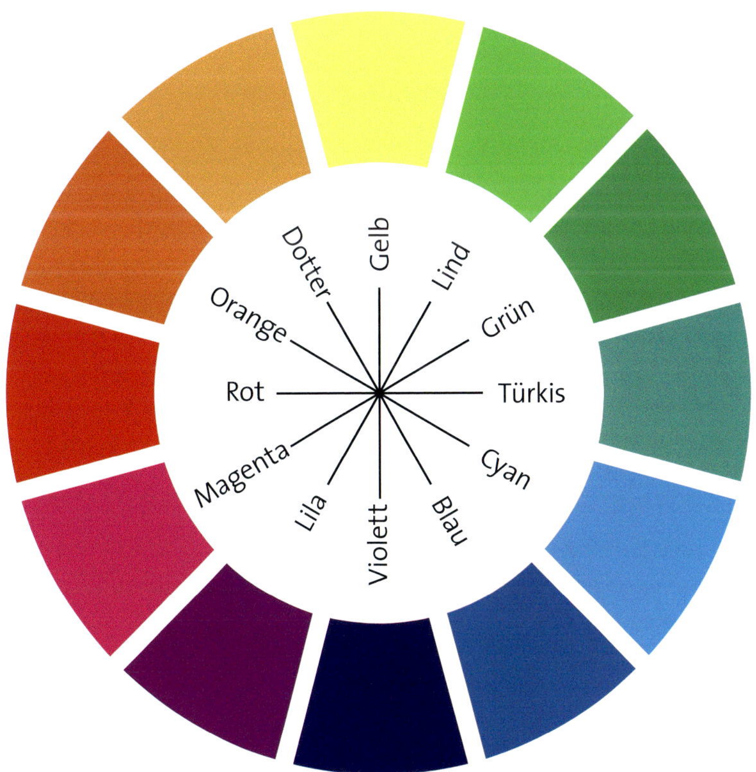

Abb. 5–28
Farben, die sich im Farbkreis gegenüberstehen, nennt man Komplementärfarben.

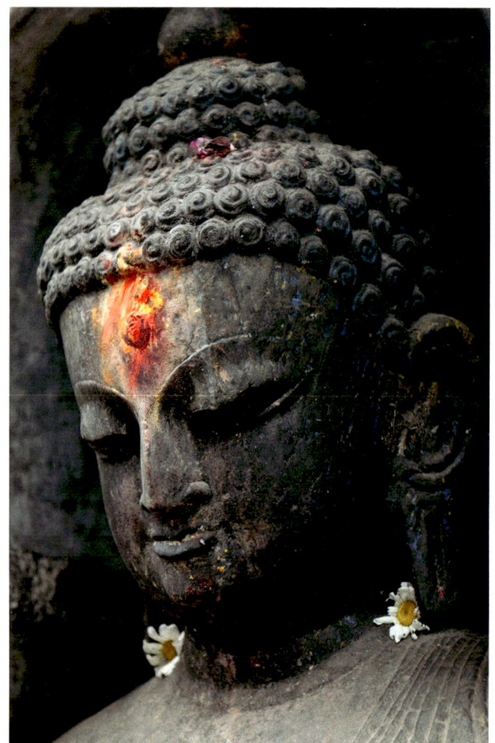

Abb. 5–34
Der Aufmerksamkeitsmagnet dieses Bilds ist der pinkfarbene Fleck auf der Nasenwurzel der Statue. Durch seine Signalfarbe zieht er unseren Blick magisch an. Zusätzlich gibt er einen Hinweis auf den kulturell-religiösen Kontext, in dem dieses Bild aufgenommen wurde.

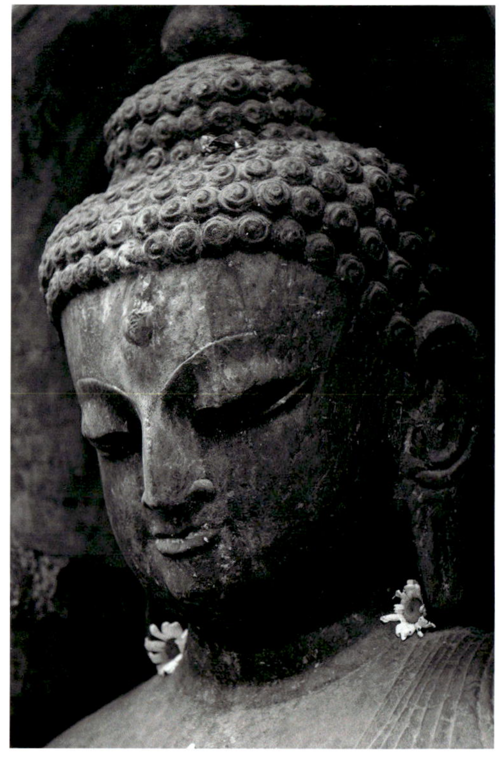

Abb. 5–35
In der schwarzweißen Version der Aufnahme fällt ein großer Teil der durch den Farbklecks transportierten Bedeutungsebene weg. Wären da nicht die beiden Blüten, könnte dieses Foto auch in der Dekoabteilung eines Möbelkaufhauses entstanden sein.

zige war, was dem Bild einen interessanten Aspekt gegeben hat. Fällt der weg, wirken manche Motive inhaltslos und beliebig.

Bildgestaltung

Ein Schwarzweißbild lebt von weniger Zutaten. Dafür will der Umgang mit Licht (und Schatten) und Bildkomposition beherrscht werden. Der Anordnung von Linien, Formen und Flächen kommt eine entscheidende Bedeutung zu. Dafür fällt für den Betrachter mit der Farbe eine zusätzliche Komponente, die um seine Aufmerksamkeit buhlt, weg und er kann (und wird) sich auf andere Elemente des Bilds konzentrieren.

Für ein gutes Schwarzweißbild sollten Sie nach Formen im Bildausschnitt suchen, die helfen, den Blick zu lenken und das Motiv herauszuarbeiten. Solche Formen geben dem Bild eine innere Struktur. Kontraste, also das Zusammenspiel verschiedener Helligkeitswerte, sind ein wichtiges Gestaltungsmittel und können Ihnen helfen, den Blick des Betrachters zu lenken.

Bildgestaltung

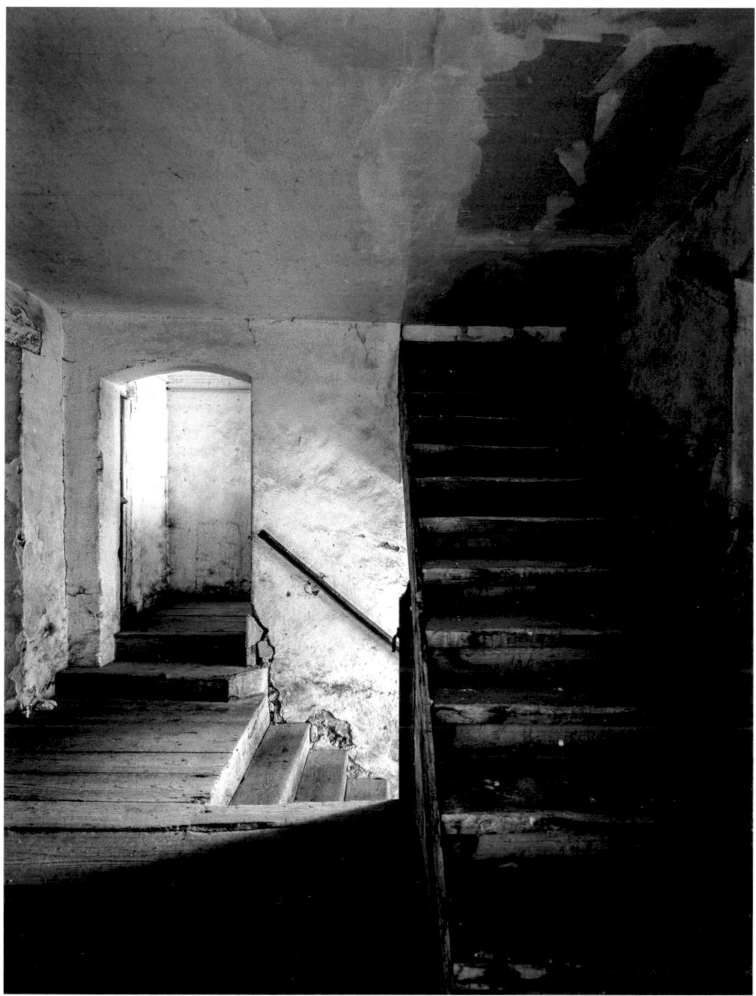

Abb. 5–36 *Hier teilen die vom Licht unterschiedlich beschienenen Flächen das Bild in verschiedene Zonen auf, die es optisch klar gliedern. Jede dieser Flächen führt das Auge des Betrachters in einen anderen Bereich des abgebildeten Raums.*

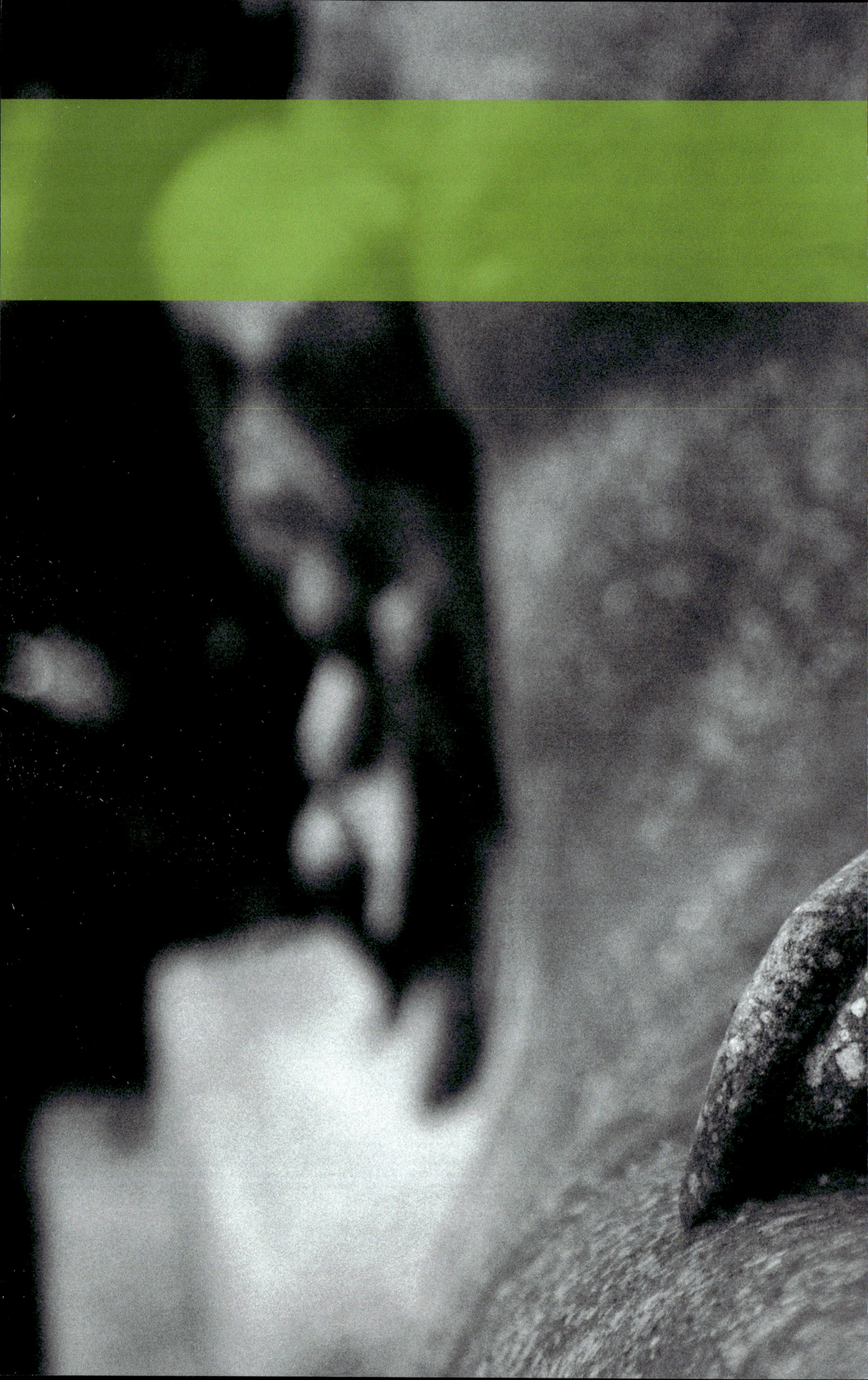

Kapitel 6
Invidia – Neid

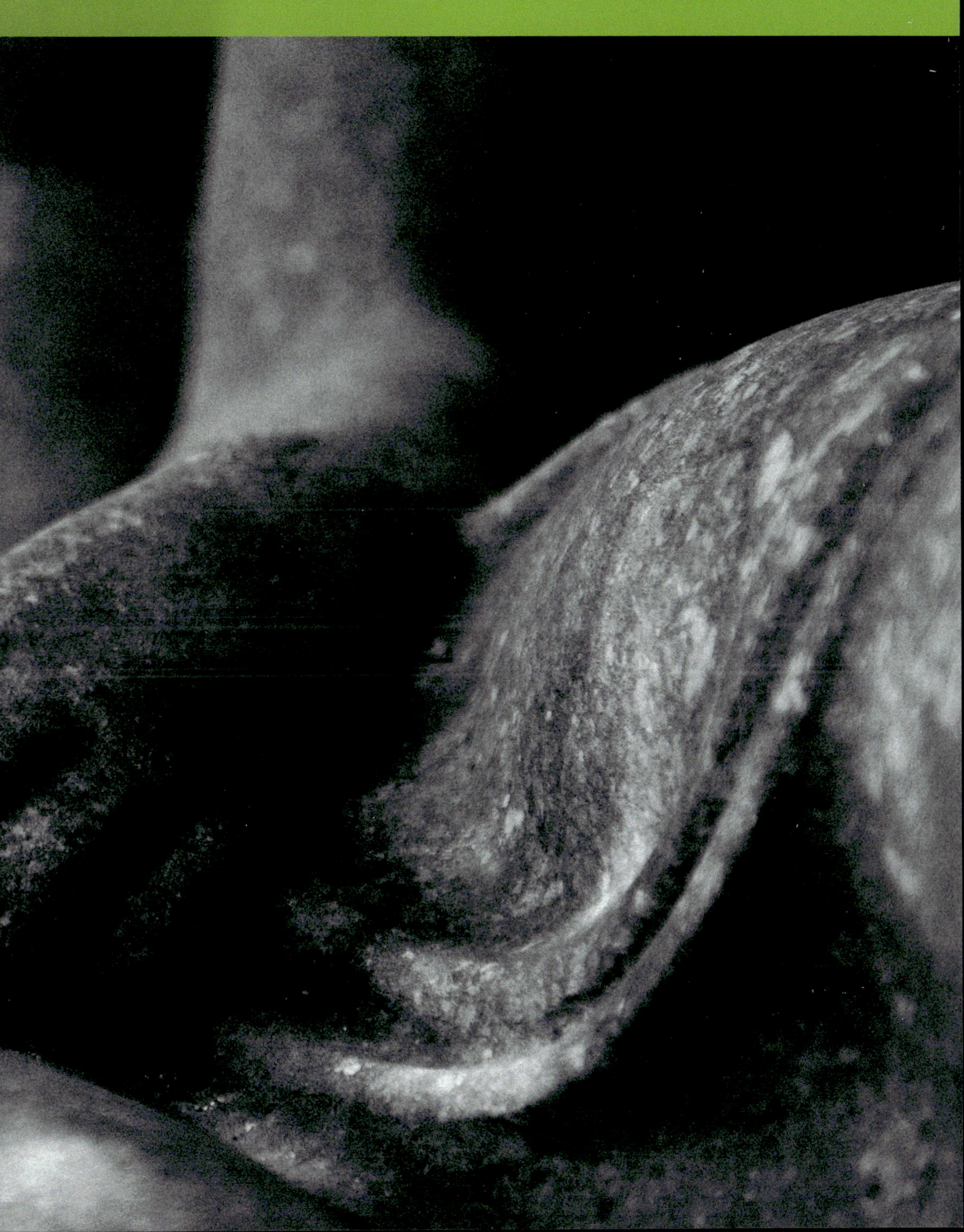

Der Neid gehört seit dem späten 6. Jahrhundert zu den sieben Hauptsünden der römisch-katholischen Kirche. In der Reihe der Todsünden ist Neid die sechste. Im Todsündenkatalog wird er als Invidia, Neid, Eifersucht, Missgunst bezeichnet. Ihren Kern hat diese Sünde in unserer Angewohnheit, uns ständig mit anderen zu vergleichen. Man kann neidisch sein auf das, was andere besitzen, darauf, dass sie intelligenter erscheinen, besser aussehen oder kreativer sind. Es geht ständig um das, was andere haben, uns aber zu fehlen scheint. Damit ist Neid eine ständige Quelle der Unzufriedenheit. Sein Fokus liegt auf den unerfüllten Wünschen, nicht auf den Dingen und Fähigkeiten, die wir besitzen.

Invidia bedeutet sowohl Neid als auch Eifersucht. Letztere grenzt sich deutlich von Neid ab, denn ihre Grundlage ist meist ein Gefühl von Liebe – zumindest geht es meistens um immaterielle Güter. Man wird auf jemanden eifersüchtig, weil er oder sie von dem Menschen, den wir lieben, mit (zu) viel Aufmerksamkeit bedacht wird. Wir haben Angst, etwas, das wir lieben oder schätzen gelernt haben, zu verlieren. Dieses Gefühl kann es auch in der Fotografie geben – wenn auch in abgewandelter Form. Vielleicht haben Sie sich in Ihrer Fotocommunity einen gewissen Status erarbeitet – man kennt und schätzt Ihre Arbeiten, hört auf das, was Sie sagen, und blickt bewundernd zu Ihnen auf. Und nun kommt diese andere Person und beginnt Ihnen (scheinbar) diesen Rang abzulaufen. Sie sammelt massenweise Kommentare und andere Rückmeldungen zu ihren Bildern online und andere beginnen, ihren Stil zu kopieren. Da ist er hin, der Status als Leitwolf, wer würde da nicht eifersüchtig werden?

Neid ist eine sehr vielseitige Sünde. Es gibt für dieses Gefühl zahlreiche Definitionen, weil Neid auch unterschiedlichste Aspekte und Tendenzen abdeckt. Psychologen unterscheiden drei verschiedene Formen des Neids und der damit verbundenen Gefühle.

- **Destruktiver Neid**
  Destruktiver Neid ist ein aggressives Gefühl, das sich in ausgeprägter Missgunst äußert. Wenn ich das, was ich dem anderen neide, schon nicht selbst haben kann, dann soll er oder sie es auch nicht haben. Im fotografischen Leben kann das zum Beispiel bedeuten, den Ruf eines anderen durch Lästern hinter dessen Rücken zu beschädigen. Soziale Medien wie Twitter oder Facebook eignen sich dazu ebenso gut wie der heimische Fotostammtisch. »Kaum postet der ein Bild, kommen sofort die Claqueure aus der Versenkung und huldigen ihm. Dabei weiß er noch nicht mal, wie man richtig belichtet.« Etwas in der Art habe ich schon oft gelesen und auch gehört. Vermutlich geht es Ihnen nicht anders. Diese Form von Neid ist empört, selbstgerecht und feindselig.
- **Depressiver Neid**
  Depressiver Neid ist nicht weniger destruktiv, er richtet sich aber nicht gegen den Beneideten, sondern gegen uns selbst. Wir glauben, nicht in der Lage zu sein, dieselben guten Fotos wie unser Gegenüber zu machen, und verlieren deshalb jeglichen Spaß an unserem Hobby. Wir haben keinerlei Objektivität mehr, wenn es darum geht, die Ergebnisse anderer oder unsere eigenen Werke einzuschätzen. Alles, was die anderen tun, ist unerreichbar gut, alles, was wir selbst fabrizieren, ist minderwertig. Wir vergehen in Selbstmitleid und der ständige Vergleich mit anderen lähmt unsere Kreativität.
- **Positiver Neid**
  Wenn schon Neid im Spiel sein muss, dann am besten in dieser Form. Ein positiv beneideter Mensch wird bewundert. Vielleicht wünschen Sie sich, ebenso beeindruckende Bilder von Ihren Touren mit nach Hause zu bringen? Oder Sie bewundern Ihre Bekannte, weil sie schon ihre nächste Ausstellung plant oder interessante Blogartikel schreibt? Dieses Gefühl kann Ehrgeiz wecken und somit als Ansporn dienen, dazuzulernen und besser zu werden. Es kann der entscheidende Impuls sein, sich die Kamera zu schnappen und an den eigenen Aufnahmen zu arbeiten. Diese Art Neid kann Ehrgeiz und Kreativität beflügeln. Versuchen Sie dabei, an *Ihren* Fähigkeiten und Ansichten zu arbeiten. Versuchen Sie nicht, mit anderen Augen zu sehen als den Ihren, sonst besteht die Gefahr, dass Sie zu einer Kopie des oder der Bewunderten werden.

Es ist ganz natürlich, dass Neid in uns aufsteigt. Oft genug tut er es, ohne dass wir es wollen. Wir haben den Neidimpuls unseres Unterbewusstseins nicht in der Hand. Deshalb geht es in diesem Kapitel darum, dieses Gefühl zu erkennen und entsprechend zu reagieren. Es geht um das, was man gegen Neid tun kann: Lenken Sie den Blick auf Dinge, die Sie gut können, erkennen Sie Erfolge und freuen Sie sich über Bilder, die Ihnen gefallen.

Neid auf Equipment

Einer der naheliegendsten Punkte, an denen bei Fotografen Neid aufkommen kann, ist – wie sollte es anders sein – das Equipment. Am häufigsten dürfte der ganz einfache Neid dort anzutreffen sein, wo andere eine vielfältigere, schönere oder teurere Ausrüstung haben oder der Name auf der Kamera der einer angeseheneren Marke ist.

Ausrüstung

Leicht lassen sich davon zwei Sonderfälle ableiten, die auf den ersten Blick wie Neid auf Equipment aussehen, es aber eigentlich nicht sind. Der eine ist der Neid auf die Bilder eines anderen, deren Qualität dann mit dem Fingerzeig auf das »viel lichtstärkere Objektiv« oder die »wesentlich bessere Kamera« relativiert wird. Indem die im Geheimen empfundene eigene Unzulänglichkeit durch das vermeintlich bessere Equipment der anderen entschuldigt wird, ist man fein raus und muss sich nicht weiter anstrengen, an den eigenen Fähigkeiten zu arbeiten.

Die umgekehrte Form habe ich auch schon beobachtet. Es gibt kreative Menschen, die es schaffen, mit Hausmitteln oder günstig erworbenen Nachbauten, z.B. in der Produktfotografie, zu guten Ergebnissen zu kommen. Sie schaffen das, weil sie wissen, worauf es ankommt, und weil sie wissen, wie man zum gewünschten Ergebnis gelangt. Sie beherrschen das Einmaleins der korrekten Belichtung (oft im manuellen Kameramodus) und wissen, wie man bereits bei der Aufnahme alles dafür tut, dass Farben akkurat abgebildet werden. Trotzdem kommt es vor, dass dann Neider auf das allzu günstige Equipment verweisen. Das geschieht unter anderem mit Worten wie »dann sei mal froh, dass dir noch nichts um die Ohren geflogen ist« oder »bei dem Fabrikat knallt gerne mal der Blitzkopf durch. Also ich benutze ja lieber den xyz von der Firma uvw«.

Das einzige, was von dieser Art Neid gefördert wird, ist das Konsumverhalten. Alleiniger Profiteur ist die Kamera- und Zubehörindustrie. Uns Fotoschaffende bringt dieses Schielen nach links und rechts nichts – außer, wenn es darum geht, sich die guten Tricks abzugucken. Weder werden meine eigenen Bilder besser, wenn ich anderen ihren kreativen Umgang mit vorhandenen Mitteln neide, noch habe ich etwas davon, auf teurere Objektive zu neidisch zu sein. Das einzige, was nachhaltig in der Lage wäre, mein Minderwertigkeitsgefühl zu kurieren, ist die Arbeit an meinen Fähigkeiten. Epstein bringt es auf den Punkt: Man ist »fast nie im Recht, wenn man Neid empfindet: Neidisch zu sein heißt, ipso facto, im Unrecht zu sein.«[14]

Diesen ganz ordinären Neid, bezogen auf fotografisches Equipment oder teure Ausrüstung, kenne ich Gott sein Dank weniger. Eher muss ich manchmal schmunzeln, wenn ich den Eindruck bekomme, dass mir jemand alle Naselang unter selbige reibt, welche Kameramarke er bevorzugt oder was für ein teures Objektiv gerade Einzug gehalten hat. Es lässt mich schmunzeln. Ich kann es bewundern, anerkennen und demjenigen gönnen – haben muss ich es deshalb noch nicht.

Ausrüstung

Letzte Anwandlungen von dieser Art Neid hat mir meine Sammlung von Einfachkameras ausgetrieben. Seit ich nicht nur in der Theorie weiß, sondern auch am eigenen Leib erfahren habe, dass ich alleine für die Qualität meiner Fotos verantwortlich bin und nicht meine Ausrüstung, bin ich ein bisschen demütiger geworden.

Wenn ich mir gegenüber ganz ehrlich bin, ist es nur in den seltensten Fällen so, dass ich meine Ausrüstung mit dem, was ich mache, an ihre Grenzen führe. Und solange das so ist, brauche ich nichts Neues. Ob ich etwas Neues *will*, ist eine ganz andere Frage.

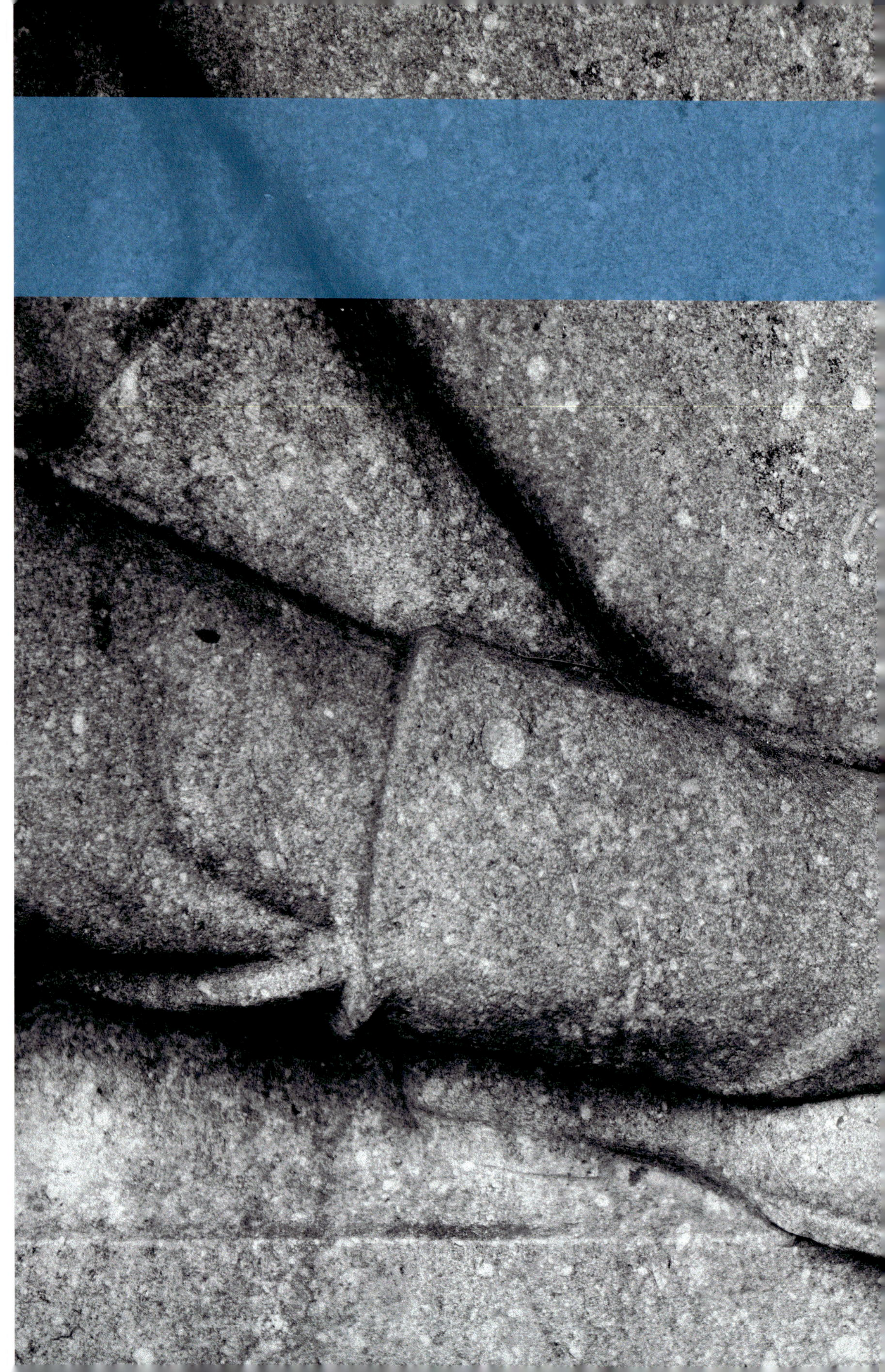

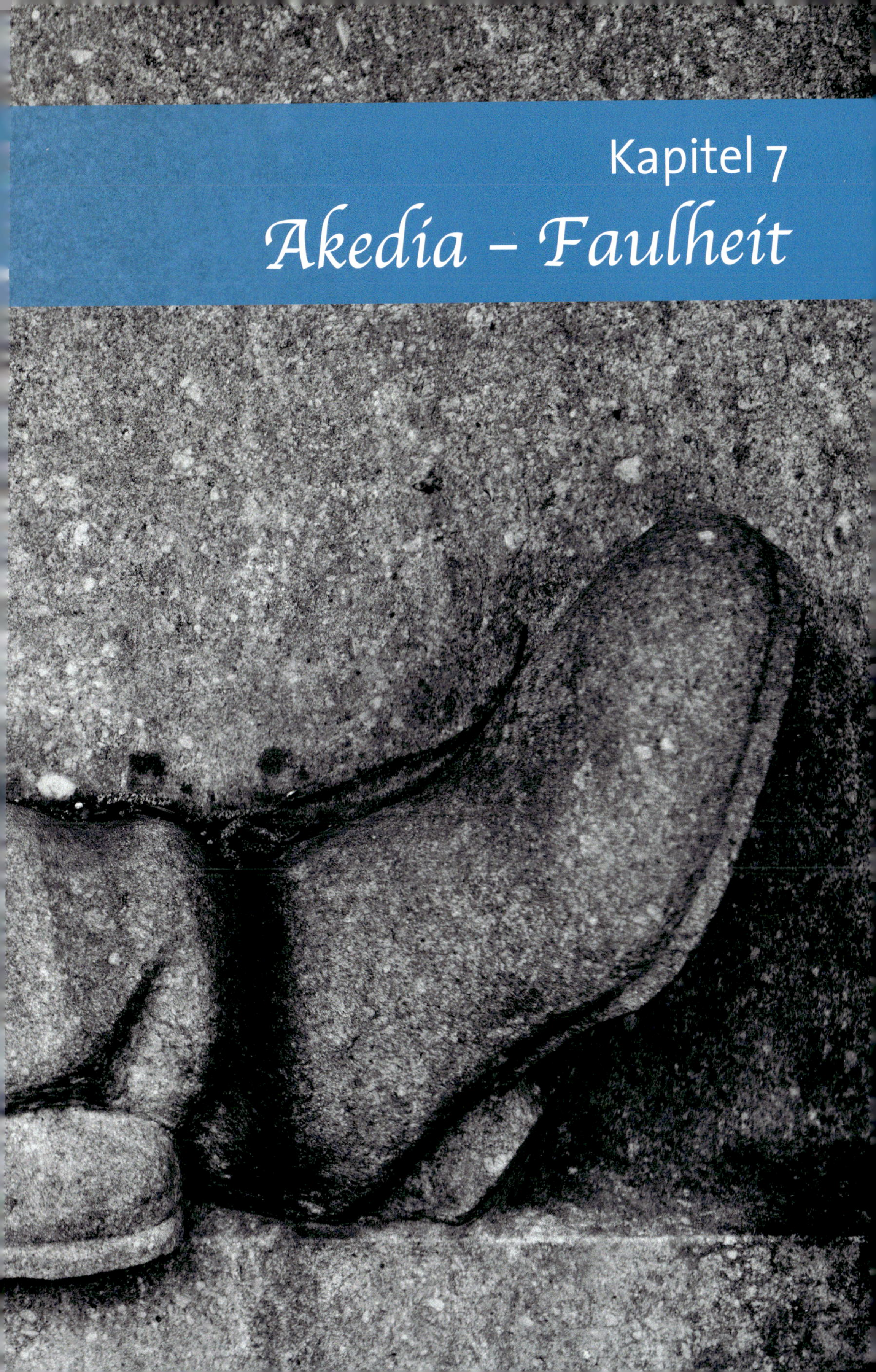

Kapitel 7

Akedia – Faulheit

Das Problem mit diesem ganz eigenen Souffleur – er ist nicht sonderlich konstruktiv. Er stellt viel zu oft Vergleiche zu anderen und deren – oft als so viel größer empfundenes – Talent auf und lässt kein gutes Haar an uns. »Du kannst das nicht«, »das haben andere aber schon besser hinbekommen«, »das ist doch ein Postkartenmotiv«, »die Perspektive ist langweilig« oder »meinst du wirklich, du solltest gerade *hier* fotografieren?« sind typische Gedanken, die mir durch den Kopf gehen, wenn ich mal wieder (zu) viel mit meinem inneren Miesepeter kommuniziere. Problematisch ist, dass man über solchen Dialogen oft vergisst, was die eigene Fotografie ausmacht. Man hört sich selbst nicht mehr zu, guckt mehr durch die Augen anderer als durch die eigenen und ist vor lauter Konzentration auf die nörgelnde Stimme im Kopf nicht mehr in der Lage, sich auf eine Situation einzulassen oder eine sich bietende Szene mit allen Sinnen aufzunehmen. Das genau aber ist notwendig, um zu guten Bildern zu gelangen.

Im kreativen Prozess

Bei mir führt das offene Ohr für den inneren Zensor oft dazu, dass ich von einem Fotostreifzug ohne oder nur mit ganz wenigen Bildern nach Hause komme. Schon im Moment des Auslösens ist mir alles nicht gut genug. Das ist hochgradig kontraproduktiv. Um in den fotografischen »Flow« zu kommen, den Zustand, in dem man die richtige Einstellung findet, sich gründlich mit einer Aufgabe auseinanderzusetzen, ist es nun immens wichtig, den inneren Kritiker gerade für die ersten Aufnahmen mundtot zu machen und diese nicht zu sehr zu hinterfragen.

Ihr innerer Kritiker ist nicht von sich aus schlecht. Vielleicht kann er Ihnen auch helfen, mehr aus sich herauszuholen? Was können Sie nun tun, um sich produktiv mit ihm auseinanderzusetzen?

Machen Sie sich doch eine Liste mit den Dingen, die Ihr Nörgler Ihnen immer vorwirft. Und dann gehen Sie die Liste Eintrag für Eintrag durch. Ich habe da mal was vorbereitet:

1. **Meine Bilder sind alle schlecht.**
   Ach ja? Entkräften Sie Ihren Zensor durch Gegenbeispiele. Welche Bilder mögen Sie selbst, welche gefallen der Familie oder Freunden? Wenn Sie auf Plattformen im Internet Ihre Bilder teilen – für welche bekommen Sie besonders viel Lob und anerkennende Kommentare? Fragen Sie andere Menschen und lassen Sie sich Feedback zu Ihren Bildern geben. Erkennen Sie Ihre Stärken und freuen Sie sich an ihnen. Eigenlob stinkt nämlich nicht!

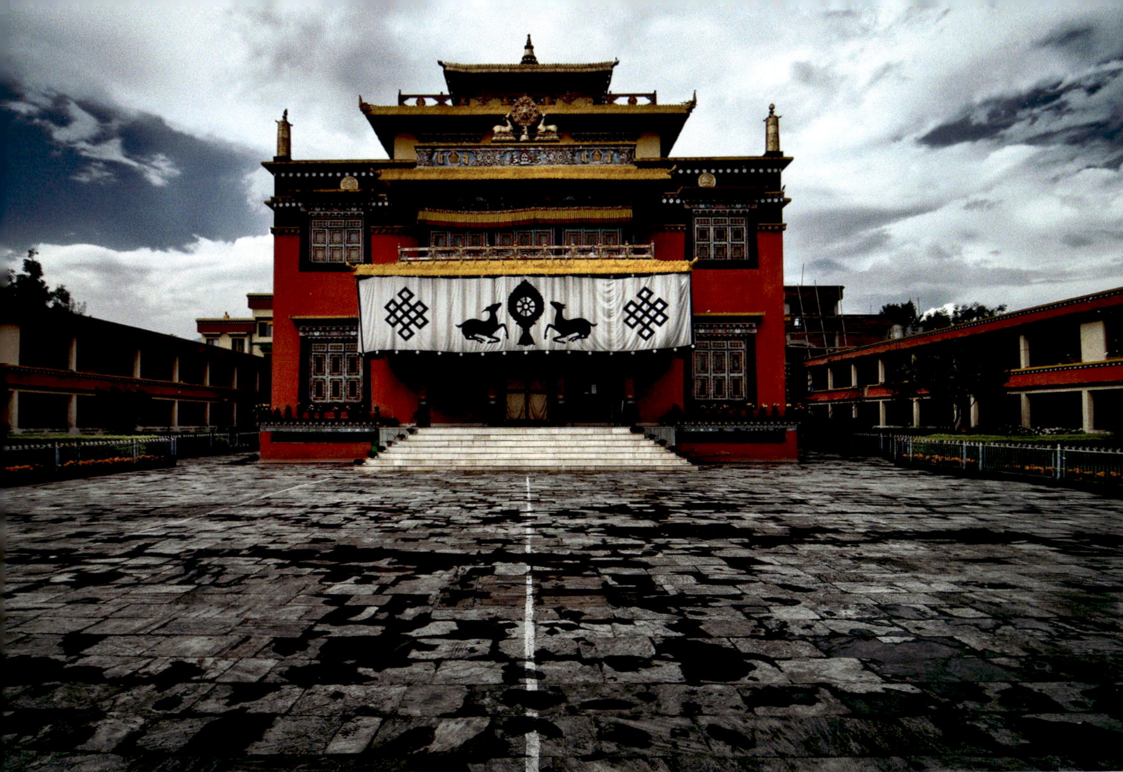

Abb. 7–1 *Ein Postkartenmotiv? Sicherlich. Trotzdem gehört diese Aufnahme eines buddhistischen Klosters in Kathmandu für mich zu meinen Lieblingsbildern von dieser Reise.*

Fallen Ihnen oder anderen Dinge auf, die besser werden können? Prima, ab auf eine separate Liste damit. Hier schlummern Ideen für neue Fotoprojekte oder Übungen an einem verregneten Sonntagnachmittag.

2. **Ich schieße immer nur Postkartenmotive.**
Jeder wünscht sich Originalität und möchte in den Ergebnissen mehr finden als viel zitierte Motive und Szenen. Trotzdem, es gibt einen Grund, warum es manche Motive und Blickwinkel auf Postkarten schaffen – sie sind malerisch, der Standpunkt verschafft einem einen guten Überblick und das Bild ist meist gut belichtet und sauber komponiert. Alles Dinge, derer sich niemand schämen muss.

Im kreativen Prozess

Außerdem ist es sehr hilfreich, auch die fotografischen Klischees »aus dem System« zu bekommen. Schrecken Sie deshalb nicht vor dem Ablichten von Postkartenidyllen zurück. Nachdem Sie die buchstäblich weggeschossen haben, ist der Weg frei für Details, andere Ansichten oder persönlichere Interpretationen einer Stimmung oder eines Themas.

3. **Das haben schon tausend Leute vor dir besser fotografiert.** Dazu gibt es auf meinem Weblog den Kommentar eines Lesers, den ich als eine sehr gelungene Antwort empfinde: »Es wurde schon alles fotografiert, nur nicht von mir« und »Es ist meine Sicht, die ich festhalten möchte, egal wie schief, unterbelichtet oder verwackelt das Ergebnis ist, wenn es mir am Ende gefällt, ist es das richtige Bild«. Richtig, denn jeder einzelne Ihrer Vorgänger hatte seine Sicht auf die Dinge. Nur Sie können das Bild mit Ihrer Sicht auf die Welt aufnehmen. Also los, worauf warten Sie?

4. **Da ist kein Bild, mach dir keine Mühe!**
   Aber irgendwas hat doch »Fotografier mich« gerufen, als Sie an der Szene vorbeiliefen – oder etwa nicht? Geben Sie nicht so leicht auf. Versuchen Sie herauszubekommen, was bei Ihnen einen Impuls, die Kamera zu heben, ausgelöst hat. War es das Licht, ein besonderes Detail oder eine bestimmte Perspektive? Probieren Sie alles aus und umkreisen Sie Ihr Motiv. Versuchen Sie nicht, die Bilder am Display zu beurteilen. Ob ein Bild wirkt oder nicht, sehen Sie ohnehin erst zuhause am großen Bildschirm Ihres Computers. Nutzen Sie lieber die Zeit vor Ort dazu, alles aus der Szene herauszuholen, was geht.

Im kreativen Prozess

5. **Lass es bleiben, das bekommst du eh nie scharf!**
   Schärfe gilt bei vielen Fotografen als ein Nonplusultra, wenn es darum geht, ein gutes Bild von einem schlechten zu unterscheiden. Sicher ist es im Regelfall wünschenswert, den Fokuspunkt richtig zu wählen und präzise scharf zu stellen. Andererseits gibt es scharfe Bilder, die den Betrachter langweilen – und Aufnahmen, die »sprechen«, auch wenn sie nicht scharf sind. Ich würde sagen: Riskieren Sie es. Das schlechteste Bild ist immer noch eines, das gar nicht gemacht wurde.

Eine andere Übung, um sich vom ständig lauernden Schärfedämon zu befreien, kann es auch sein, einmal einen Nachmittag mit einer sehr einfachen Kamera loszuziehen. Dazu bieten sich zum Beispiel Einfachkameras wie die Box, eine »Toy Camera« wie die Holga oder auch eine Lochkamera an (alternativ tut es auch ein Pinhole-Aufsatz für Ihre Digitalkamera). Mit diesen Kameras, bei denen Schärfe sehr relativ ist, erleben Sie zwangsläufig, dass es noch andere Attribute gibt, die ein schönes Bild ausmachen. Spaß macht es außerdem.

Vielleicht haben Sie noch andere negative Leitsätze auf Ihrer Liste? Hinterfragen Sie diese Punkt für Punkt. Sehen Sie das wirklich ge-

Abb. 7–2
Ich zeige Ihnen hier ein Bild aus meinem »Giftschrank«. Das Bild des Jungen ist tatsächlich nirgendwo scharf. Und weil der kleine Kerl völlig ausgelassen über den Weg hopste, ist er mir auch glatt aus dem Rahmen des Bilds getanzt. Trotzdem mag ich diese Aufnahme, in all ihrer nicht vorhandenen Perfektion. Sie führt mir den ausgelassenen Augenblick jederzeit wieder lebendig vor Augen.

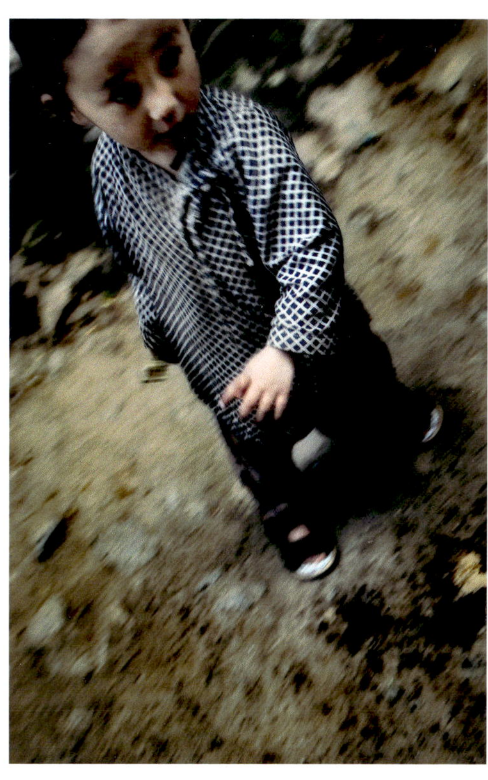

nauso? Können oder müssen Sie die geäußerte Kritik annehmen und die negative Sicht auf Sie wirklich übernehmen? Denn Kritik, egal ob »äußere« von anderen oder Ihre eigene »innere«, ist zunächst einmal nur eines: eine Sichtweise. Eine Sichtweise unter vielen. Niemand zwingt Sie, sich ihr anzuschließen und ihr zu folgen.

Grundsätzlich gilt – Sie müssen niemanden um Erlaubnis fragen, um zu fotografieren und daran Spaß zu haben. Schon gar nicht Ihren inneren Bedenkenträger und Besserwisser. Mich ärgert es immer maßlos, wenn suggeriert wird, dass man als Fotograf oder Fotografin schon einen gewissen künstlerischen Anspruch haben sollte. Besonders, wenn man es wagt, seine Bilder zu zeigen.

Im kreativen Prozess

Das ist in meinen Augen ausgemachter Blödsinn. Jeder darf, aber niemand muss das. Jeder darf seine Bilder mögen und im kreativen Prozess einen Ausgleich zum täglichen Einerlei finden. Jeder darf seine Ergebnisse nutzen, um von ihnen zu lernen und sich weiterzuentwickeln. Jeder darf einfach nur Spaß haben. Das ist vollkommen in Ordnung.

Wenn Sie Ihren inneren Kritiker in einen inneren Schweinehund verwandeln und ihn als Ausrede benutzen, gar nichts mehr zu tun, ist das nicht in Ordnung. Das »ich bekomme ja eh nichts gebacken« ist letztlich auch Ausdruck von Bequemlichkeit und dem Unwillen, sich in Bewegung zu setzen. Frei nach dem Motto, wer nichts tut, kann auch nichts falsch machen. Das stimmt so weit. Erfolgserlebnisse und schöne Bilder werden auf diese Art allerdings nicht geboren.

Die Komfortzone und ihre Bewohner

Im letzten Abschnitt ging es viel um den inneren Kritiker, unseren fast schon liebgewonnenen Feind. Er ist immer bei uns. Er liefert fantasievoll formulierte Ausreden, die uns davon überzeugen, dass alle Mühe umsonst ist. Und dass es sich absolut nicht lohnt, das Risiko einer Komfortzonendehnung einzugehen. Aber – wieso ist das eigentlich so schlimm und was passiert eigentlich, wenn wir unsere Komfortzone vollständig verlassen? Lassen Sie uns mal gemeinsam einen Blick darauf werfen.

> *»If you want something you've never had, you must be willing to do something you've never done.«*
>
> Thomas Jefferson

Im kreativen Prozess

Die viel zitierte Komfortzone ist ein Begriff aus der Erlebnispädagogik, genauer aus dem Lernzonenmodell nach Senninger. Sie wird als jener Bereich definiert, in dem sich Menschen wohl und sicher fühlen. Die Komfortzone ist der Bereich unserer Kompetenzen, die wir sicher beherrschen. Sie ist geprägt von Alltäglichem, von Gewohnheiten und Ritualen, Ordnung, Bequemlichkeit, Entspannung und Genuss. Große Herausforderungen sucht man in ihr vergebens. Ein Bewohner unserer Komfortzone ist der innere Kritiker. Sie kennen ihn schon. Er ist darauf bedacht, dass wir keine allzu großen Schritte hinaus machen – es könnte ja schließlich etwas schiefgehen oder Gefahr lauern. Die Komfortzone hat auch ein Haustier – und das ist der innere Schweinehund. Und weil dieser der beste Freund Ihres inneren Zensors ist, hat er auch eine Reihe von Ansagen parat, die bei Ihnen eine fotografische Ladehemmung auslösen können.

1. **Ich habe sowieso keine Idee, was ich fotografieren könnte.**
   Mit unserem Anspruch, immer in irgendeiner Form »wertvolle« Bilder zustande zu bringen, blockieren wir uns leider oft so sehr, dass wir die Kamera gar nicht mehr in die Hand nehmen. Das können Sie ein Stück weit aushebeln, wenn Sie sich Fotografieranlässe oder Aufgaben verordnen, die von vorneherein nur als fotografische Fingerübung oder als Spiel gedacht sind. Dann muss ja nichts Besonderes dabei herauskommen, oder? Eine ganz bekannte Aufgabe dieser Art – und ich habe keine Ahnung, wer sie als Erstes formuliert hat – ist das »schließe dich im Bad ein und mache 100 Bilder«.

Unzählige Hobbyfotografen und -fotografinnen haben sich daran schon probiert und ihre Bilder ins Netz gestellt. Man ist sich einig: Es ist eine interessante Erfahrung. Nachdem man zuerst alles Offensichtliche fotografiert hat – spiegelnde Armaturen, Schaumfiguren in der Badewanne, Rasierpinsel und anderes, gehen einem zunächst die Ideen aus. Dann beginnt man plötzlich, Dinge in anderen Winkeln anzusehen und verrückte Perspektiven auszuprobieren. Schon mal aus dem Badezimmerschrank heraus fotografiert? Wissen Sie, wie Ihre Toilette von unten aussieht? Aus lauter Verzweiflung beginnen Sie plötzlich mit Anschnitten und Formen zu experimentieren oder begeben sich in Haltungen, bei denen Ihnen besser niemand zusieht (gut, dass Sie sich eingeschlossen haben). Sprich, Sie tun das, was Sie nie täten, wenn Bilder und Motive einfach eingesammelt werden können. Obwohl Sie es nicht darauf angelegt haben, werden Sie am Ende Bilder unter Ihren Ergebnissen haben, die Sie vorzeigen können und wollen. Und nebenbei haben Sie Ihren kreativen Werkzeugkasten erweitert.

Im kreativen Prozess

2. **Das Wetter ist schlecht, bei dem Licht kommen sowieso keine brauchbaren Bilder zustande.**
   Gut, das sehe ich ein. Das klingt auf den ersten Blick wie eine ziemlich miese Ausgangssituation. Oder? Andererseits, wenn es – wie zum Beispiel im Herbst – bedeckt ist, schafft genau das ein ideales weiches Licht für die Porträtfotografie. Wer also seine Liebsten mal in vorteilhaftes Licht rücken will, sollte sie vielleicht genau dann einmal vor die Tür schleppen und dort eine Fotosession ansetzen.

3. **Aber es regnet doch …**
   Man kann es ja nicht oft genug sagen – Regen kann auch eine Chance sein. Wann sonst finden Sie Wassertropfen auf Glasscheiben, durch die man hindurchfotografieren kann? Sie bekommen gratis nasses Pflaster, in dem sich die Lichter spiegeln. Es gibt hoch aufspritzendes Wasser, wenn ein Auto durch eine Pfütze fährt und flüchtende Menschen (eine Prise Bewegungsunschärfe gefällig?). Oder Sie versuchen sich in Regenschirm-Poesie – von oben aus einem Fenster betrachtet können sich interessante grafische Motive ergeben. Eines ist gewiss, weil andere genauso ungern bei Regen das Haus verlassen, bekommen Sie Bilder, die sicherlich nicht jeder hat.

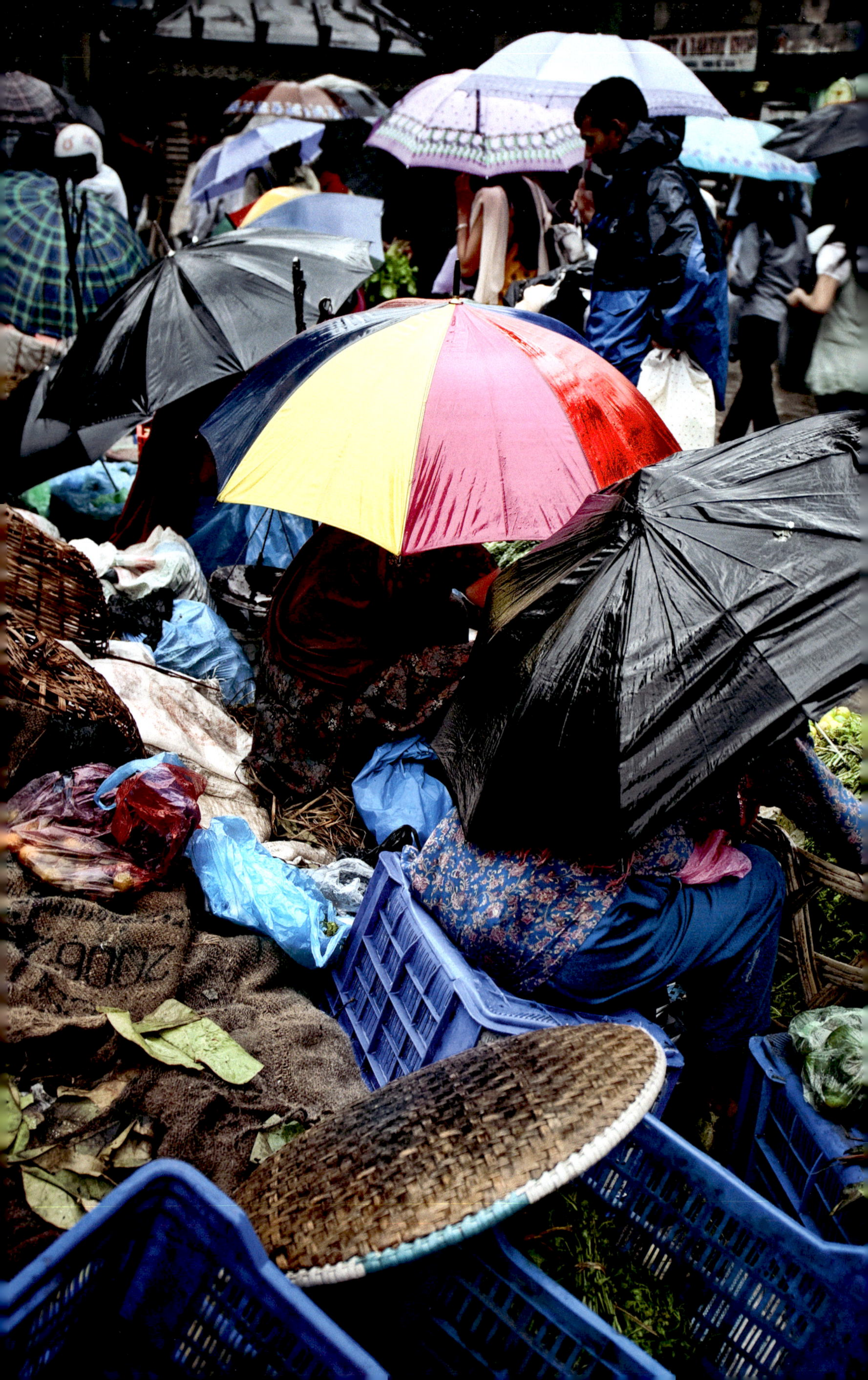

Abb. 7–3
Es ist selten, dass man bei einem Gang über den Markt kaum Köpfe, sondern stattdessen nichts als Regenschirme sieht. Da die den Betrachter auch noch wunderbar durchs Bild führen, konnte ich dieser Szene nicht widerstehen.

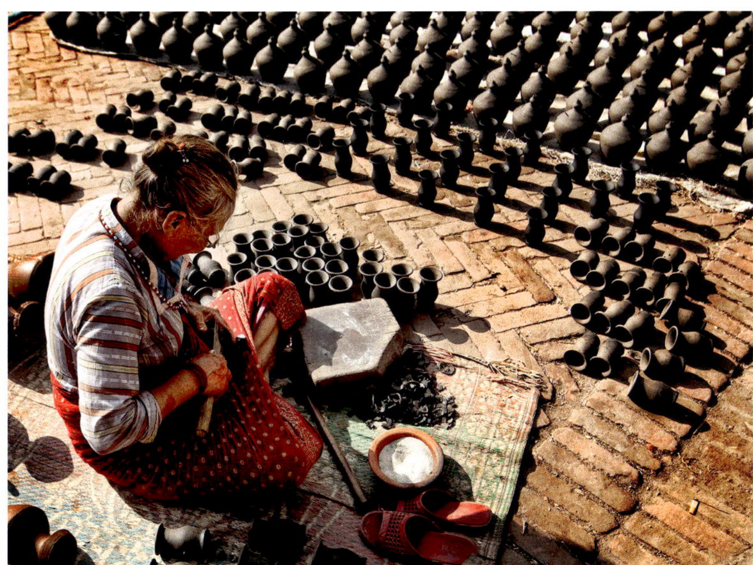

Abb. 7–4
Zahlreiche Töpferinnen und Töpfer sowie ihre Keramiken prägen das Bild der Straßen und Plätze von Bhaktapur in Nepal.

4. **Wenn ich das Bild mache, könnte ich jemandem zu nahe treten.** Hätte sich jeder Fotograf der Geschichte daran gehalten, gäbe es heute viele ikonische Bilder nicht, die Zeitgeschichte vermitteln. Sicherlich ist es nicht in Ordnung, Menschen durch Bilder zu entblößen oder lächerlich zu machen. Andererseits kann nichts so gut eine Kultur, ein Lebensgefühl oder eine Gesellschaft visuell repräsentieren wie Bilder von Menschen.

Im kreativen Prozess

Fotografisch kann das Leben in der Komfortzone bedeuten, bestimmte Motive immer auf dieselbe Art und Weise anzugehen. Immer dieselbe Kamera zu benutzen, nie das Risiko einzugehen, mal *nicht* das dicke Zoomobjektiv dabeizuhaben, mit dem man sicher für alle Eventualitäten gerüstet ist. Sie lesen es schon – in der Komfortzone ist es bequem und kuschelig, hier lässt es sich gut träge sein. Dummerweise ist die Komfortzone auch der Bereich, in dem man nicht viel Neues vorfindet. Wenn Sie sie selten verlassen, werden sich Ihre Bilder vermutlich immer ähnlich anfühlen und die fotografische Weiterentwicklung wird – wenn überhaupt – sehr langsam vonstattengehen.

Direkt anschließend um die Komfortzone herum liegt die sogenannte Lern- oder Wachstumszone. Alte Strategien und Handlungsmuster greifen nur teilweise, um die dort anzutreffenden neuen Aufgaben zu bewältigen. Hier muss ich mich überwinden, neue Lösungsansätze zu entwickeln. Kurz: Es gilt sich mit Neuem auseinanderzusetzen. Die Lernzone ist von Herausforderungen, Unerwartetem und Risiko gekennzeichnet.

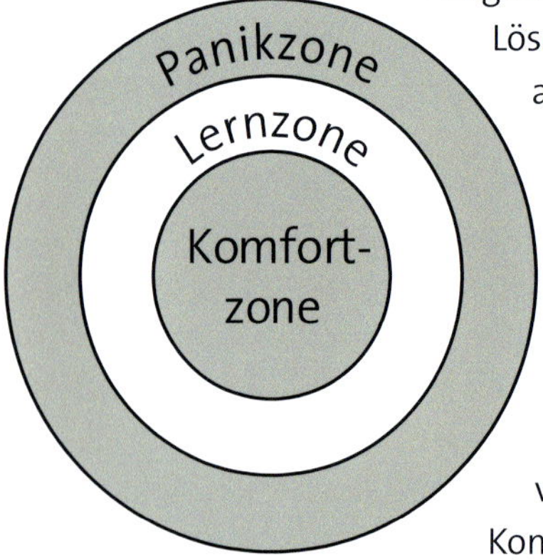

Panikzone
Lernzone
Komfort-zone

Abb. 7–5
Das Lernzonenmodell

Was bedeutet das nun, sich fotografisch in die Lernzone zu bewegen? Der vielleicht einfachste Weg ist wahrscheinlich, das nächste Weihnachtsgeld statt in neue Ausrüstung in einen Lehrgang zu investieren. Bei guten Trainern bekommen Sie gewisse Grundlagen vermittelt, Sie werden aber auch regelmäßig aus der Komfortzone geschubst. Dazu werden Aufgaben gestellt, die es selbstständig (allein oder in Kleingruppen) zu lösen gilt. Meist werden die Ergebnisse dann in der Teilnehmerrunde diskutiert und ausgewertet. Auf diese Art und Weise können Sie begleitet Ihre Komfortzone dehnen, ohne sich alleingelassen zu fühlen. Sollte es Fragen geben, ist jederzeit Hilfe nahe.

Im kreativen Prozess

Eine andere Möglichkeit, stetig etwas dazuzulernen, ist es, sich regelmäßig kreative Einschränkungen aufzuerlegen. Wie wäre es, mal einen Tag oder ein ganzes Projekt lang nur mit einer bestimmten Festbrennweite (z.B. 50 mm) oder mit einer Einfachkamera (Box- oder Toy-Kamera) auf Film zu fotografieren? Schnell werden Sie merken, dass Sie damit gewohnte Pfade verlassen. Sie müssen plötzlich um die Ecke denken, andere Perspektiven wählen oder auf liebgewonnene Motive ganz verzichten und sich dafür neue suchen. Mit etwas Geduld – lassen Sie sich Zeit zum Lernen – erhalten Sie als Belohnung für Ihren Einsatz Bilder, die Sie nicht jeden Tag machen und die eine andere Sichtweise auf Ihre Realität ermöglichen.

Hinweis

Eine gute Gelegenheit, neue fotografische Herausforderungen anzunehmen, ist die Teilnahme an einem Fotomarathon. Diese Veranstaltung gibt es inzwischen in vielen Städten Deutschlands und der Welt. Mehr Informationen finden Sie unter *www.fotomarathon.de*.

Warten Sie nicht, bis die Muse Sie küsst

Musen sind in der griechischen Mythologie die Schutzgöttinnen der Künste. Neun Stück gab es davon. Und alle waren weiblich – männliche Musen sucht man bisher vergeblich. Waren die Musen der griechischen Mythologie noch stark spezialisiert und hauptsächlich auf Tanz- oder Dichtkunst fokussiert, wird die Muse später zum Sinnbild kreativer Geistesblitze aller Art. Das Ärgerliche an Musen – sie lassen gerne auf sich warten und es ist beinahe unmöglich, mit ihnen ein festes Date zu vereinbaren.

Die Muse kommt nicht vorbei, wenn Sie faul auf dem Sofa dösen. Warum sollte sie auch, sie weiß ja nicht, an was Sie gerade gerne arbeiten würden und wozu sie eine Inspiration schicken soll. Auch eine Muse braucht eine klare Aufgabenbeschreibung oder wie es im Agenturdeutsch heißt – ein aussagekräftiges Briefing.

Im kreativen Prozess

Ihre Muse wird erst dann tätig, wenn sie Sie beschäftigt vorfindet. Vielleicht sind Sie gerade auf Motivsuche oder versuchen Ihr neues Objektiv richtig gründlich und in allen Facetten kennenzulernen? Vielleicht trifft sie Sie auch in einer Projektbesprechung im Fotoclub oder beim Scouten einer neuen Foto-Location? Jetzt hat Ihre Muse einen Anhaltspunkt, wo Hilfe gebraucht wird. Vielleicht schickt sie jetzt die tolle Projektidee, gutes Licht, die richtige Stimmung oder passende Gesellschaft. Jede Muse liebt Schweiß – da, wo gearbeitet wird, wo Beharrlichkeit wohnt, kommt sie häufiger vorbei, um nach dem Rechten zu sehen.

Bereiten Sie sich vor

Der Magnum-Fotograf Robert Capa hat einmal gesagt: »If Your Pictures Aren't Good Enough, You're Not Close Enough«, frei übersetzt: Wenn deine Bilder nicht gut genug sind, warst du nicht nah genug dran. Als er das formulierte, wollte er nicht dafür plädieren, dass wir uns in Zukunft nur noch mit langen Teleobjektiven auf die Pirsch begeben. Er forderte uns dazu auf, uns mehr auf das Motiv oder das Subjekt einzulassen. Man kann es als ein Plädoyer für Weitwinkelobjektive und das »Turnschuh-Zoom« empfinden. Körperliche Nähe macht uns auch als Fotografinnen und Fotografen verletzlicher, empfindsamer und aufnahmebereiter für die Geschichte, die unser Subjekt zu erzählen hat. Das gilt ganz besonders dann, wenn es sich

Die Auswahl

Spätestens nach erfolgreich absolvierter Fotopirsch stehen Sie vor der nächsten, mitunter schweren Entscheidung. Welche Bilder aus Ihrer Ausbeute werden Sie zu dokumentarischen Zwecken behalten, welche bearbeiten, weil sie Ihnen gefallen, und welche werden Sie Freunden und Bekannten zeigen, auf eine Fotosharing-Plattform wie Flickr hochladen oder sogar ausstellen? Und die schwierigste Frage zuletzt: Welche werden Sie löschen?

Eigentlich ist es ganz einfach: Je mehr Sie sich in der Auswahl Ihrer Bilder einschränken, desto mehr Gewicht bekommen die Bilder, die in Ihrem Archiv verbleiben. Machen Sie sich die Arbeit, Ihre Aufnahmen wirklich anzusehen und zu beurteilen, und sortieren Sie rigoros aus. Besonders streng sollten Sie mit den Bildern sein, die Sie vorzeigen wollen. Lassen Sie nicht den Betrachter die Arbeit machen, sich zu überlegen, welches Ihrer Bilder ihm gefällt, sondern zeigen Sie von jeder Serie nur das Beste. Zeigen Sie lieber zehn herausragende Fotos als 30 mittelmäßige. Damit vermeiden Sie es, Ihr Publikum zu ermüden, und jedes Ihrer Fotos bekommt die Aufmerksamkeit, die ihm zusteht. Wie heißt es so schön: Der Unterschied zwischen einem Profi und einem Amateur ist die Größe seines Papierkorbs.

In der Bildgestaltung und bei der Aufnahme

Festplattenplatz ist heutzutage günstig und theoretisch könnten Sie sich alle paar Monate eine neue und größere externe Festplatte anschaffen, um Ihre Bilder zu sichern. Erfahrungsgemäß werden Sie allerdings nur selten durch Hunderte und Tausende von Bildern des Urlaubs vor fünf Jahren blättern, wenn Sie diese nicht rigoros organisiert, verschlagwortet und vor allem gründlich ausgedünnt haben. Bewahren Sie nur die Bilder auf, die Ihnen wirklich etwas bedeuten oder die wichtige oder kuriose Dinge dokumentieren. Wenn Sie von einer Szene fünf nahezu identische Bilder gemacht haben, markieren Sie alles bis auf eines als gelöscht. Auch, wenn Ihre Kinder darauf sind. Später – mit mehr Distanz – können Sie immer noch sehen, welche Sie tatsächlich auch physisch löschen wollen. Ziel muss es

Abb. 7–8

Die Kapelle der alten Kirche ist an sich schon reduziert und karg. Durch den knappen Bildausschnitt wird die Aufmerksamkeit direkt auf den Lichtfleck gelenkt, der durch das gegenüberliegende vergitterte Fenster zustande kommt.

sein, dass Sie eine Chance haben, die wichtigen Bilder, an denen Ihr Herz hängt, auch nach Jahren noch auffinden und anschauen zu können. Ein Wust von unsortierten und unbearbeiteten Fotos hilft Ihnen dabei nicht, sondern verstellt Ihnen den Blick auf die besten Aufnahmen.

Lassen Sie den Betrachter arbeiten

In dem letzten Kapitel zeichnet sich schon ab, dass ich es für eine gute Idee halte, wenn wir als Fotografen und Fotografinnen nicht mit zu viel Bequemlichkeit an unser liebstes Hobby herangehen. Unsere Bilder werden einfach besser, wenn wir uns aktiv mit Motivfindung, Bildgestaltung und technischer Umsetzung auseinandersetzen. Wer vorbereitet ist, arbeitet einfach zielgerichteter und hat eine klare(re) Vorstellung vom erwünschten Ergebnis.

In der Bildgestaltung und bei der Aufnahme

Einer der Gründe, warum ich so gerne fotografiere, ist, dass ich anderen zeigen möchte, wie sich die Welt für mich darstellt. Wie bestimmte Szenen für mich aussehen, wie sie sich für mich anfühlen. Das bedeutet immer auch, etwas, das für andere unsichtbar ist, sichtbar zu machen. Letzteres allerdings sollten Sie allerdings nicht zu wörtlich nehmen, denn um Dinge sichtbar zu machen, müssen und sollten Sie nicht immer alles zeigen. Ganz im Gegenteil, Gefühle, Geschichten und Geheimnisse werden oft über aktives Weglassen oder auch das Verbergen von Bildelementen erzählt. Leider ist genau das ein Aspekt, der in Bildbeurteilungen, wie es sie besonders im Internet oft zu lesen gibt, zu kurz kommt oder gar als Makel herausgestellt wird. Wie oft habe ich schon gelesen »hier in den Schatten hätte ich gerne mehr Zeichnung, man kann ja gar nicht erkennen, ob sich da noch etwas befindet« oder auch »ich hätte das Motiv lieber ganz ins Bild genommen, statt es anzuschneiden«.

Für den Betrachter unserer Bilder ist es tatsächlich oft von Vorteil, wenn Sie ihn »arbeiten« lassen. Wenn im Bild nicht alles gezeigt wird, manche Dinge nur angedeutet, andere verborgen werden. Es gibt verschiedene Mechanismen, die sicherstellen, dass auch dann, wenn wir Dinge bewusst aus dem Bild herauslassen, trotzdem der Gesamtzusammenhang erkannt wird.

Gesetz der Geschlossenheit oder auch das Gesetz der geschlossenen Gestalt

Das menschliche Gehirn versucht oft, Lücken zu schließen, Formen zu vervollständigen und Einzelobjekte als zusammengehörend zu einem geschlossenen Ganzen zu betrachten.

Vor allem Linien, die eine Fläche zu umschließen scheinen, werden als Einheit gesehen und dadurch, dass unser Gehirn nicht vorhandene Dinge ergänzt, zu einem einzigen Element zusammengefügt.

In der Bildgestaltung und bei der Aufnahme

Ein sehr bekanntes Beispiel ist das folgende:

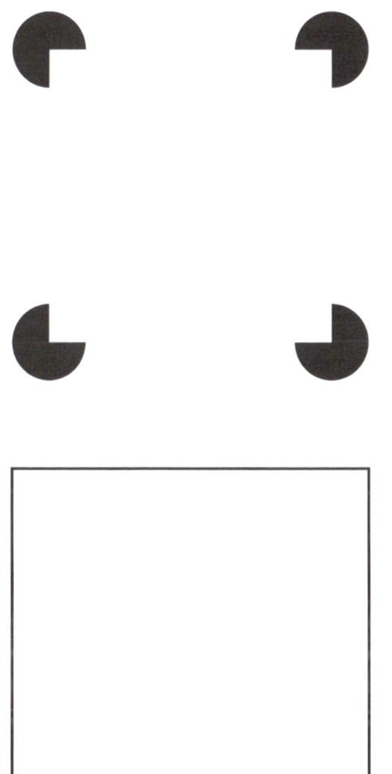

Abb. 7–9
In der ersten Grafik sehen die meisten Menschen ein weißes Quadrat, umgeben von vier angeschnittenen schwarzen Kreisen. Und das, obwohl die Form des Quadrats im Bild überhaupt nicht vorhanden ist. Auch die Grafik darunter wird in der Regel als ein Quadrat wahrgenommen, obwohl die Form von nur drei Linien erzeugt wird und die die Form nach unten schließende vierte Linie fehlt (vergleichen Sie dazu das Foto in Abb. 7–10). Wir sehen also, unser Gehirn neigt dazu, fehlende Informationen in bestimmten Bildbereichen selbstständig aufzufüllen. Damit können wir als Fotografen spielen.

Ein Gesicht wird auch dann als Gesicht wahrgenommen, wenn Teile davon – z.B. durch eine Sonnenbrille – verdeckt oder aus anderen Gründen nicht Teil des Bilds sind. Ein Mensch bleibt ein Mensch, auch wenn wir nur Teile seines Körpers abbilden. Das ist der Grund, warum auch stark angeschnittene Porträts funktionieren oder warum Bilder von ausdrucksstarken Händen in uns gleich Geschichten auslösen.

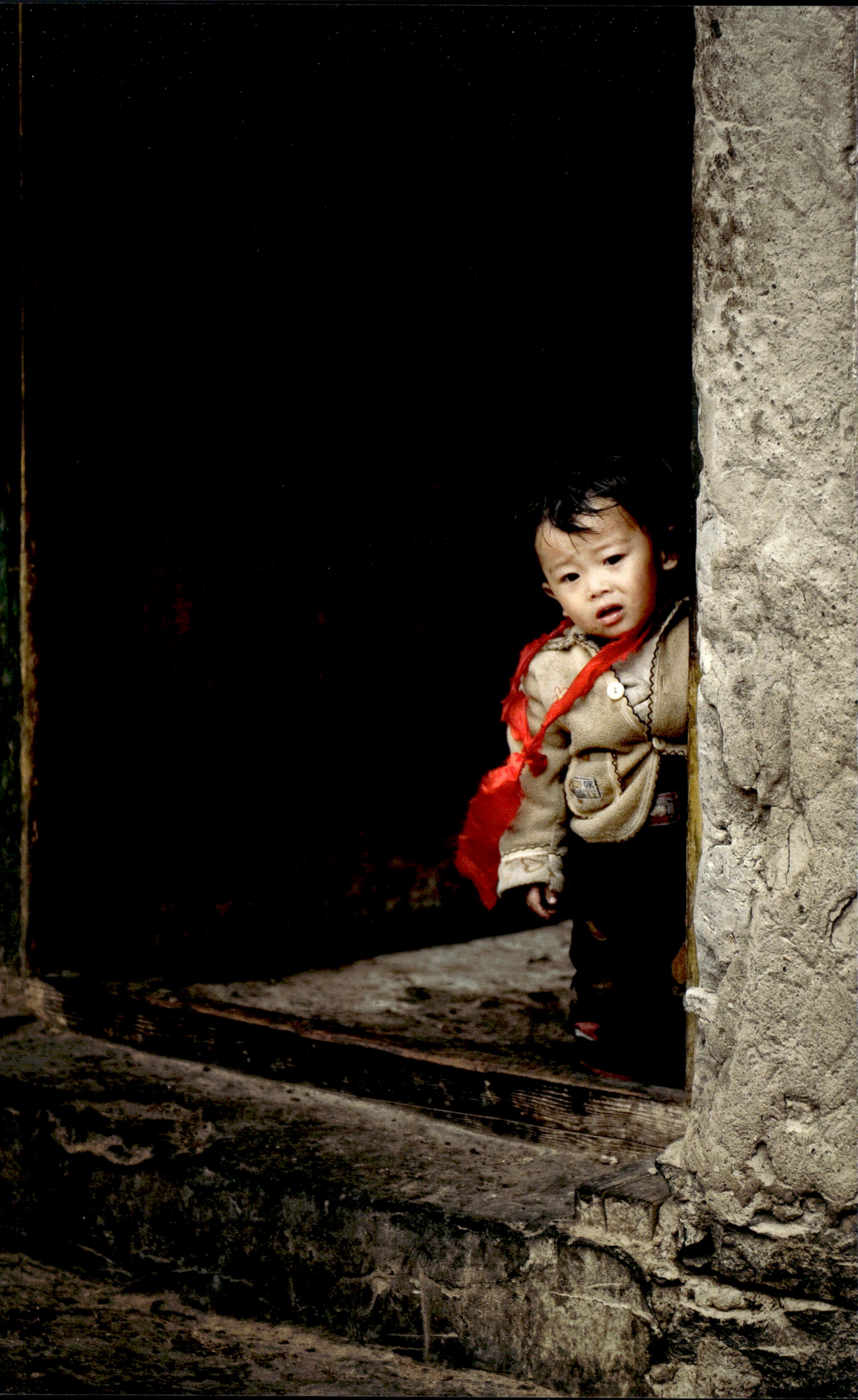
OK

Abb. 7–10
Obwohl die Tür, in der das kleine Mädchen steht, nur von drei Linien angedeutet wird, ist dem Betrachter absolut klar, dass diese außerhalb des Bildrahmens weitergeführt wird.

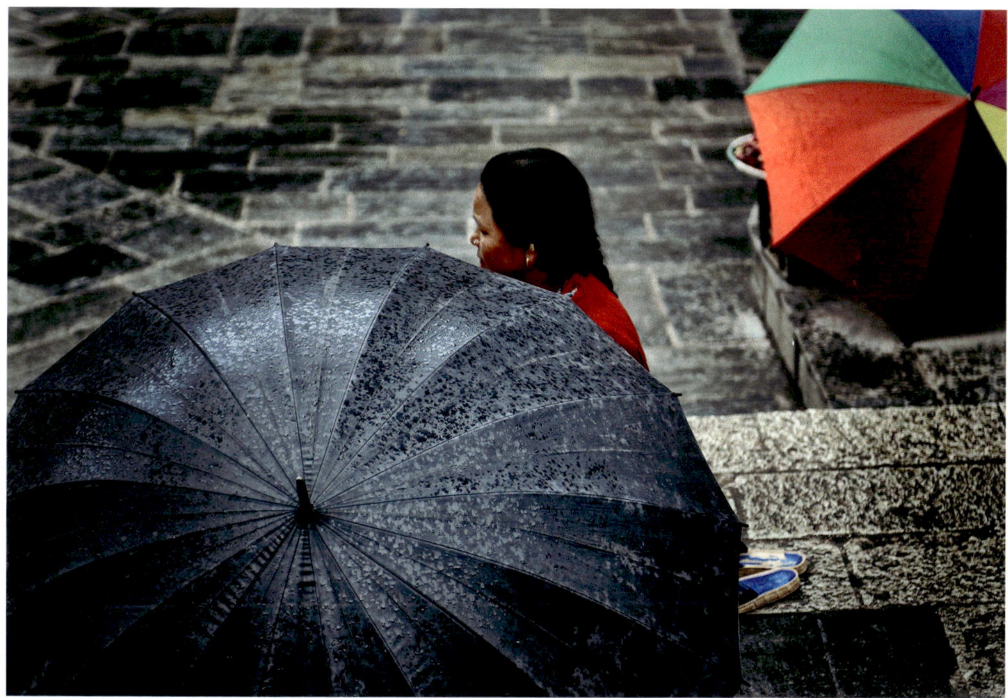

Abb. 7–11 *Beide Regenschirme sind nur angeschnitten, trotzdem werden sie vom Betrachter gedanklich zu kompletten Kreisen vervollständigt.*

Das Gesetz der guten Fortsetzung

Ein ähnliches Prinzip kommt uns bei der Nutzung von Linien in der Bildgestaltung zugute. Unser Wahrnehmungsapparat braucht keinen vollständigen, durchgehenden Strich, um eine Linie wahrnehmen zu können. Wie auch beim Gesetz der Geschlossenheit wird unser Gehirn Linien und Formen über ihre tatsächlichen Endpunkte hinaus fortsetzen und so kleine Unvollkommenheiten ergänzen. Es genügt, dass die gruppierten Elemente auf einer gedachten Linie oder Kurve liegen, damit der Betrachter diese Linien bewusst oder unbewusst zur Kenntnis nimmt. Diese Linien oder Kurven können auch rein virtuell gebildet werde, z.B. durch Blickrichtungen von Personen im Bild.

In der Bildgestaltung und bei der Aufnahme

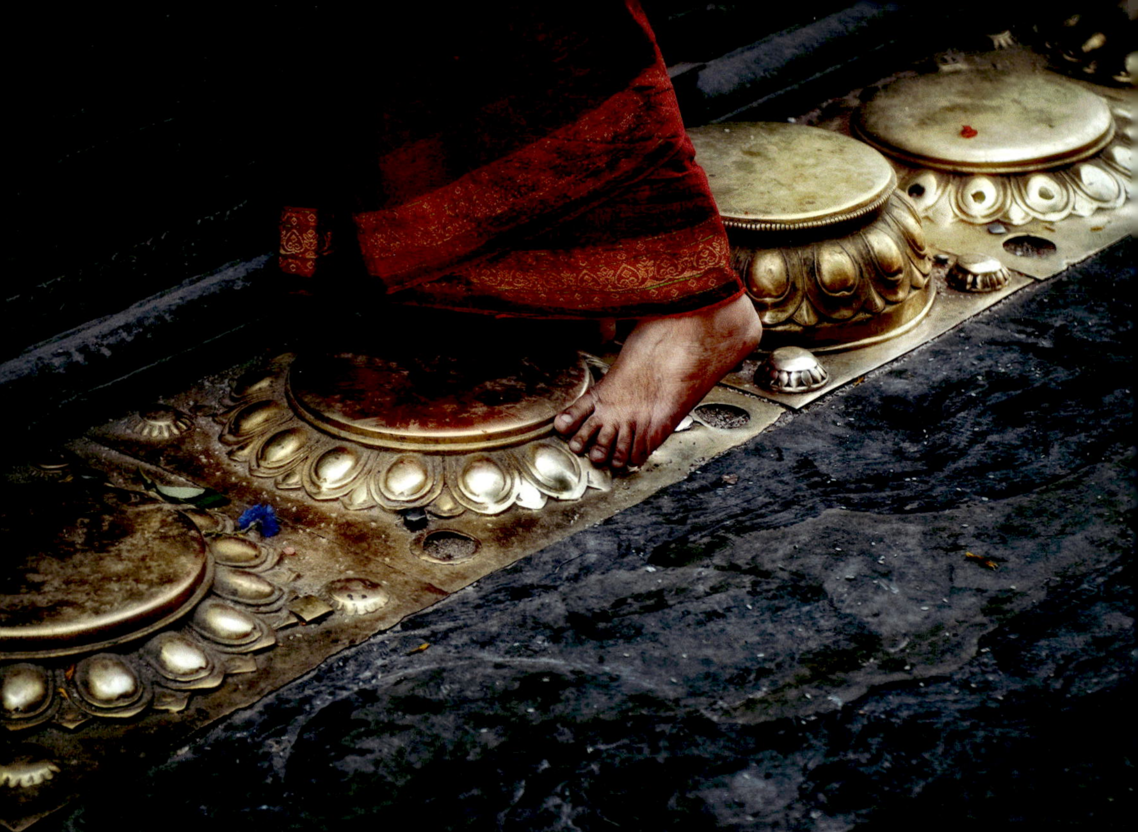

Abb. 7–12 *Hier entschied ich mich, nicht die vollständige Gestalt der Frau zu zeigen, die in einem Tempel in Kathmandu einer Gottheit Opfergaben darbringt, sondern mich auf die Fußpartie zu beschränken.*

In der Bildgestaltung und bei der Aufnahme

Bei obigem Bild wird allein aus der Kleidung wie auch aus dem nackten Fuß ersichtlich, dass es sich um eine weibliche Person handelt. Der kulturelle Kontext wird ebenfalls angedeutet. Die Verwendung von viel goldfarbenem Metall, herabgefallenen Blüten und die nackten Füße der abgebildeten Person lassen erahnen, dass es sich vermutlich um eine rituelle Handlung im buddhistischen oder hinduistischen Umfeld handelt. Mehr benötigt das Bild nicht, um zu funktionieren

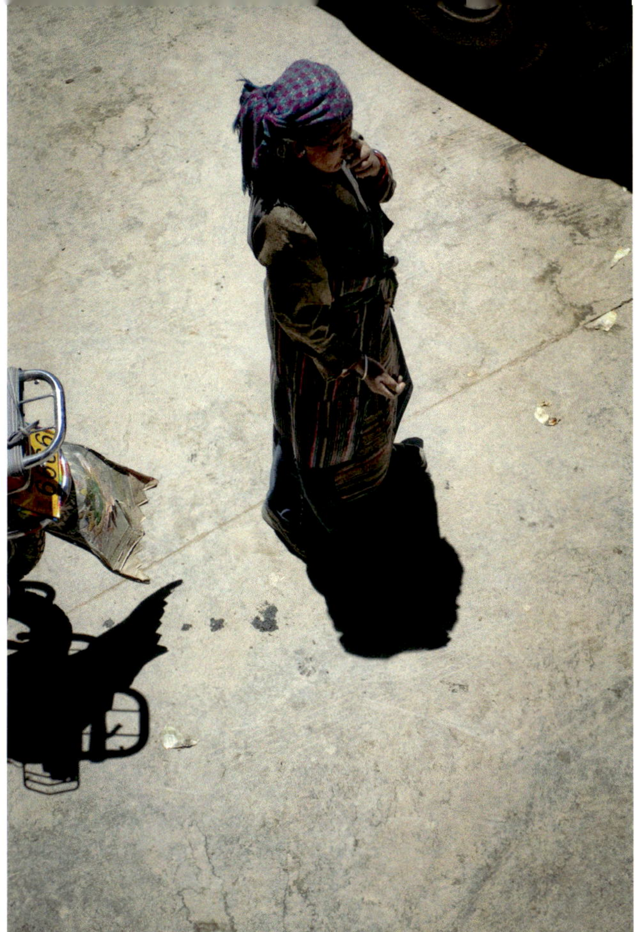

Abb. 7–13
Sowohl das Fahrzeug in der oberen rechten Ecke als auch das Motorrad an der linken Bildkante sind – im Vergleich zu ihrer kompletten Gestalt – nur durch kleinere Elemente im Bild vertreten. Mehr ist auch nicht nötig, um darzustellen, dass die Frau beim Überqueren der Straße zwischen zwei Fahrzeugen steht.

Tatsächlich werden Bilder für den Betrachter spannender, wenn sein Gehirn bei der Betrachtung noch kognitive Leistungen erbringen muss. Damit wird das Bild mehr zu »seinem« eigenen Bild. Das gilt insbesondere dann, wenn es nicht nur um Vervollständigung von Formen geht, sondern auch um Raum für eigene Interpretationen oder die eigene Geschichte. Damit hat jeder die Möglichkeit, den Bildinhalt mit seinem eigenen Erfahrungsschatz und Wissen oder mit Vorstellungen und Wünschen zu verbinden und das Bild Schritt für Schritt für sich selbst zu entschlüsseln. Der Kunsthistoriker Ernst Gombrich nennt dieses Einbeziehen des Gegenübers den »Anteil des Betrachters«.

In der Bildgestaltung und bei der Aufnahme

Diese Art von »guter« Unklarheit in einem Bild können Sie durch Komposition, Inhalt oder auch durch Lichtführung erzeugen. Sie können also Bereiche und Dinge »im Dunkeln lassen« oder sie durch großzügige Anschnitte aus dem Bild schaffen.

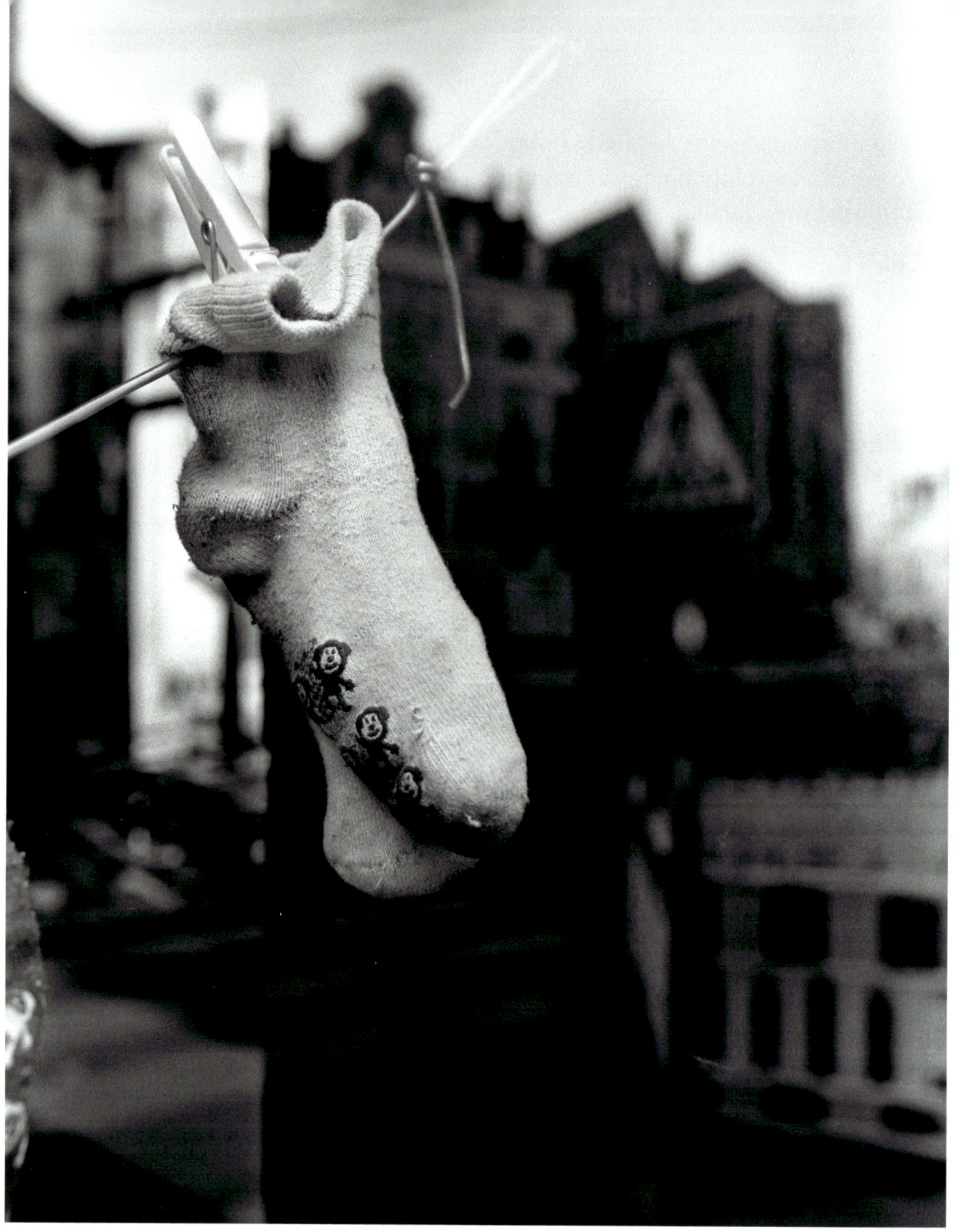

Abb. 7–14 *Bei meinem Spaziergang durch Hannovers Stadtviertel Linden fiel mir die im Fenster eines Kindergartens aufgehängte – offenbar vergessene – Socke auf. Im richtigen Winkel mit der Kamera anvisiert, kam in der Spiegelung der Glasscheibe das Schild für den Fußgängerübergang mit ins Bild. Es komplettiert eine kleine Geschichte rund um das Gehen und schrittweise Entdecken der (kindlichen) Welt.*

Die Möglichkeiten der Bilderserie

Viel zu häufig arbeiten wir uns auf der Suche nach dem einen, dem großartigen Einzelbild ab. Dabei eröffnet auch die Fotoserie interessante Möglichkeiten, eine Szene oder ein Motiv umfassend wiederzugeben. Serien können dabei sowohl thematisch als auch formal ähnliche Bilder enthalten. Wenn Sie zum Beispiel Aufnahmen aus der Totalen, interessante Anschnitte, Nahaufnahmen oder Details zu einer Serie von Bildern kombinieren, können Sie ein Motiv noch viel umfassender darstellen als mit einem Einzelbild. Geschickt kombiniert, verdichten die Bilder Stimmungen und erzählen Geschichten.

Hinweis

Wenn Sie mehrere Bilder gemeinsam präsentieren, achten Sie dabei darauf, dass diese in der Bildbearbeitung so angelegt werden, dass das Farbklima ähnlich ist. Nur so können sie als zusammengehörig wahrgenommen werden.

Arbeiten Sie mit dem Licht

In der Bildgestaltung und bei der Aufnahme

Auf Fotoworkshops treffe ich immer wieder Fotografen (hier ist bewusst die männliche Form gewählt), denen es zu kompliziert oder zu aufwendig ist, ihre Aufnahme auf den Punkt genau zu belichten. Bei jedem Bild, das dazu oft auch noch im Serienbild-Modus geschossen wird, höre ich am vertrauten »tickeditick«, dass ein ums andere Mal die Belichtungsreihe zum Einsatz kommt.

Die Tatsache, dass so gut wie alle modernen Kameras die Belichtungsreihe – auf Englisch Bracketing – anbieten, führt häufig dazu, dass sich niemand mehr Gedanken darübermacht, wie eine Kameraautomatik die Belichtung ermittelt, geschweige denn, wie man im manuellen Modus eine Szene oder einen abzubildenden Gegenstand korrekt belichtet. Stattdessen macht man mehrere – zwischen drei und manchmal bis zu neun – unterschiedlich belichtete Aufnahmen und sucht sich am Ende die aus, die einem am besten gefällt. Das kann man so machen – dummerweise multipliziert es die Anzahl der Dateien, die man später begutachten, bewerten, bearbeiten und aussortieren muss. Wenn Sie damit ohnehin ein

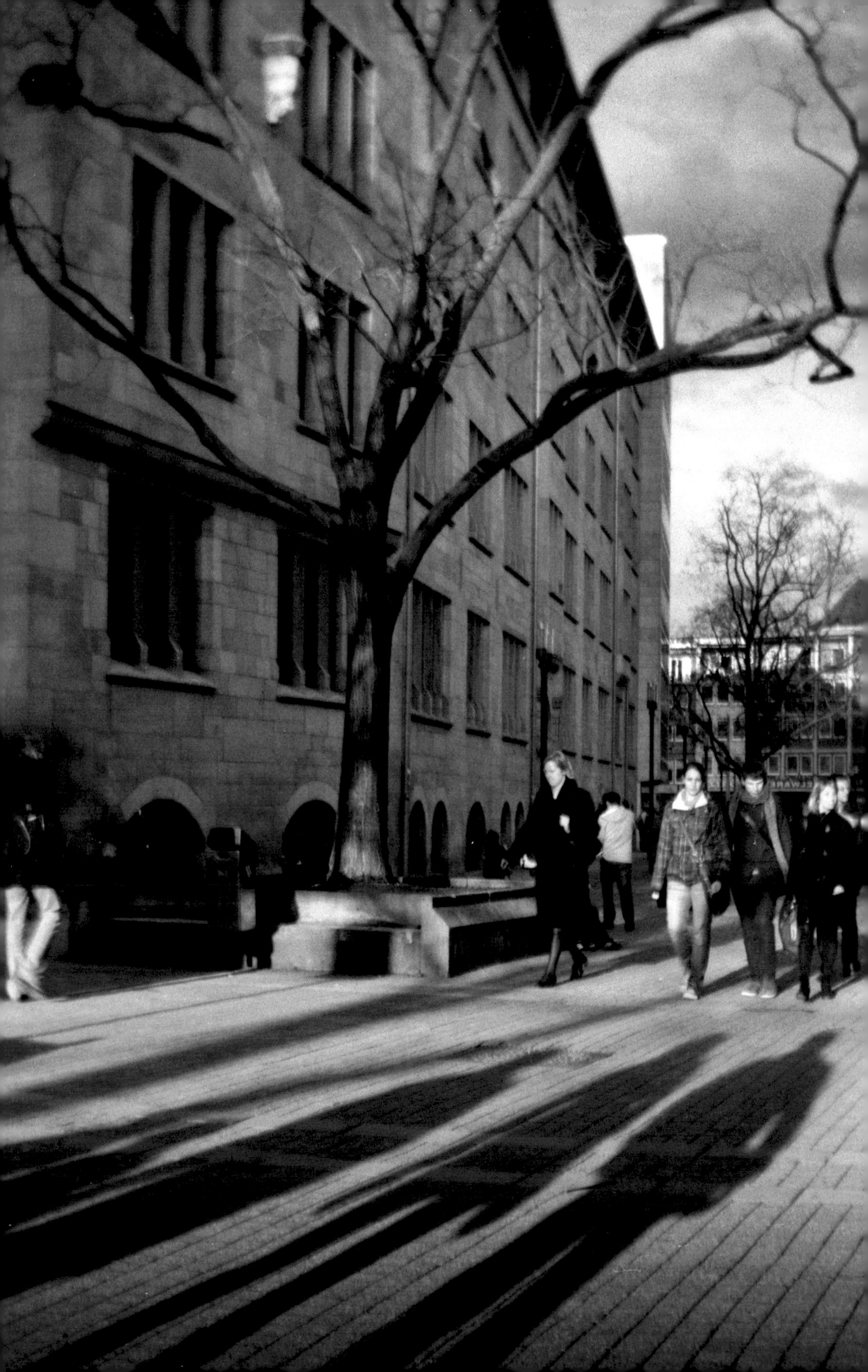

Problem haben, wächst die Wahrscheinlichkeit, dass Sie irgendwann im Berg Ihrer Bilder komplett den Überblick verlieren.

So praktisch eine Belichtungsreihe bei extrem kontrastreichen Szenen mit hohem Dynamikumfang sein kann, sie als Allzweckwaffe einzusetzen, halte ich nicht nur für falsch, sondern auch für fatal. Führt sie doch einmal mehr dazu, dass die Überlegung darüber, was eigentlich der wirklich bildwichtige Teil einer Szene ist, zu kurz kommt. Sind Sie sich nämlich darüber im Klaren, werden Sie nicht nur bewusster scharf stellen, Sie wissen auch, welchen Bereich Sie auf jeden Fall korrekt belichten wollen.

Dem Licht auf der Spur

Was noch viel wichtiger ist – wer seine Messträgheit mit Belichtungsreihen kompensiert, hört auf, sich über das Licht Gedanken zu machen beziehungsweise zu beobachten, wie es mit dem gewählten Motiv interagiert. Oftmals können sehr einfache, ja banale Motive im richtigen Licht außergewöhnlich werden. Andererseits können interessante Motive im falschen Licht ihre gesamte Faszination einbüßen.

In der Bildgestaltung und bei der Aufnahme

Sie sehen, das Werkzeug, mit dem Sie ein Bild erschaffen, ist eigentlich nicht Ihre Kamera. Ihr Werkzeug ist das Licht! Schließlich heißt »Photographie« nicht umsonst »Zeichnen mit Licht«. Beobachten Sie nicht nur Ihr Motiv, sondern beobachten Sie auch ständig das Licht. Was macht es mit Ihrem Motiv? Wie formt es die Szene? Häufig spielt das Licht die eigentliche Hauptrolle und Sie müssen es nur noch durch entsprechende Elemente flankieren.

Um Licht und Motiv gezielt zu inszenieren, müssen Sie lernen, Licht zu beobachten und zu beurteilen. Woher kommt es, wie verhält es sich? Wo wird es reflektiert? Wo müssen Sie mit Ihrer Kamera Position beziehen, damit Ihr Bild möglichst viel davon hat? Es gibt eine Reihe von Fragen, anhand derer Sie sich das Beobachten einer Lichtsituation aneignen können:

Abb. 7–15
Dieses Bild wurde mit einer einfachen Agfa Box aus den 50er-Jahren aufgenommen. Kompliziertere Technik brauchte es nicht, um die interessante Lichtsituation abzubilden. Durch die Sonne, die links hinter mir stand, laufen vier bedrohlich wirkende Schatten auf die Passanten in der Fußgängerzone zu. Die Randunschärfe der Einfachlinse unterstützt die Stimmung zusätzlich.

- Ist insgesamt viel Licht vorhanden oder eher wenig?
- Wie viele Lichtquellen tragen zur Beleuchtung einer Szene bei und welche Intensität haben sie?
- Wie ist die Lichtstimmung: Ist das vorhandene Licht warm oder kalt?
- Welche Farben herrschen in der Szene vor – und wie werden sie von der Lichtstimmung beeinflusst?
- Leuchtet das Licht eine Szene komplett und gleichmäßig oder nur teilweise aus?
- Gibt es starke Kontraste?
- Wie ist die Lichtverteilung in der Szene in Bezug auf die Übergänge? Gibt es lange, sanfte Verläufe oder eher abrupte Übergänge von hell zu dunkel?

In der Bildgestaltung und bei der Aufnahme

Wenn Sie anhand dieser Fragen das Licht in Ihrer Umgebung betrachtet und beurteilt haben, sehen Sie sich noch einmal helle und dunkle Partien in Hinblick auf Ihr Subjekt und die Bildaussage an. Welchen Einfluss haben die Schattenpartien auf die Szene? Tragen sie so, wie sie sind, zur Geschichte bei? Oder müssen sie aufgehellt werden, weil bildwichtige Elemente darin verschwinden? Licht kann den Eindruck von Tiefe schaffen – und zwar meist dadurch, dass es in seiner Intensität abnimmt. Auf diese Weise verschafft uns der Grad der Helligkeit Hinweise darüber, wie Entfernungen abzuschätzen sind.

Schatten sind es außerdem, die Strukturen hervorheben und Texturen schaffen, die Räume langsam ins Dunkle abfallen lassen. Schatten schaffen beim Betrachter Raum für offene Fragen und Rätsel – aber auch Hinweise, die bei der Betrachtung des Bilds unterstützen.

Widerstehen Sie der Versuchung, Schattenpartien nur deshalb aufzuhellen, weil sie da sind. Bereiche, die Elemente verbergen und buchstäblich »im Dunkeln lassen«, können durchaus zur Spannung im Bild beitragen. Sie müssen dem Betrachter nicht alles zeigen und es gibt Bereiche im Bild, die durchaus auch ins Dunkle »absaufen« dürfen.

Betrachten Sie als Nächstes die Spitzlichter im Bild. Gibt es helle Elemente, die vom eigentlichen Hauptmotiv ablenken? Wenn ja, sollten Sie versuchen, diese entweder durch eine entsprechende Wahl des Ausschnitts aus dem Bild herauszuhalten oder so zu belichten, dass sie nicht ausreißen. Wenn das nicht möglich ist, sollten Sie hier in der Nachbearbeitung noch Hand anlegen.

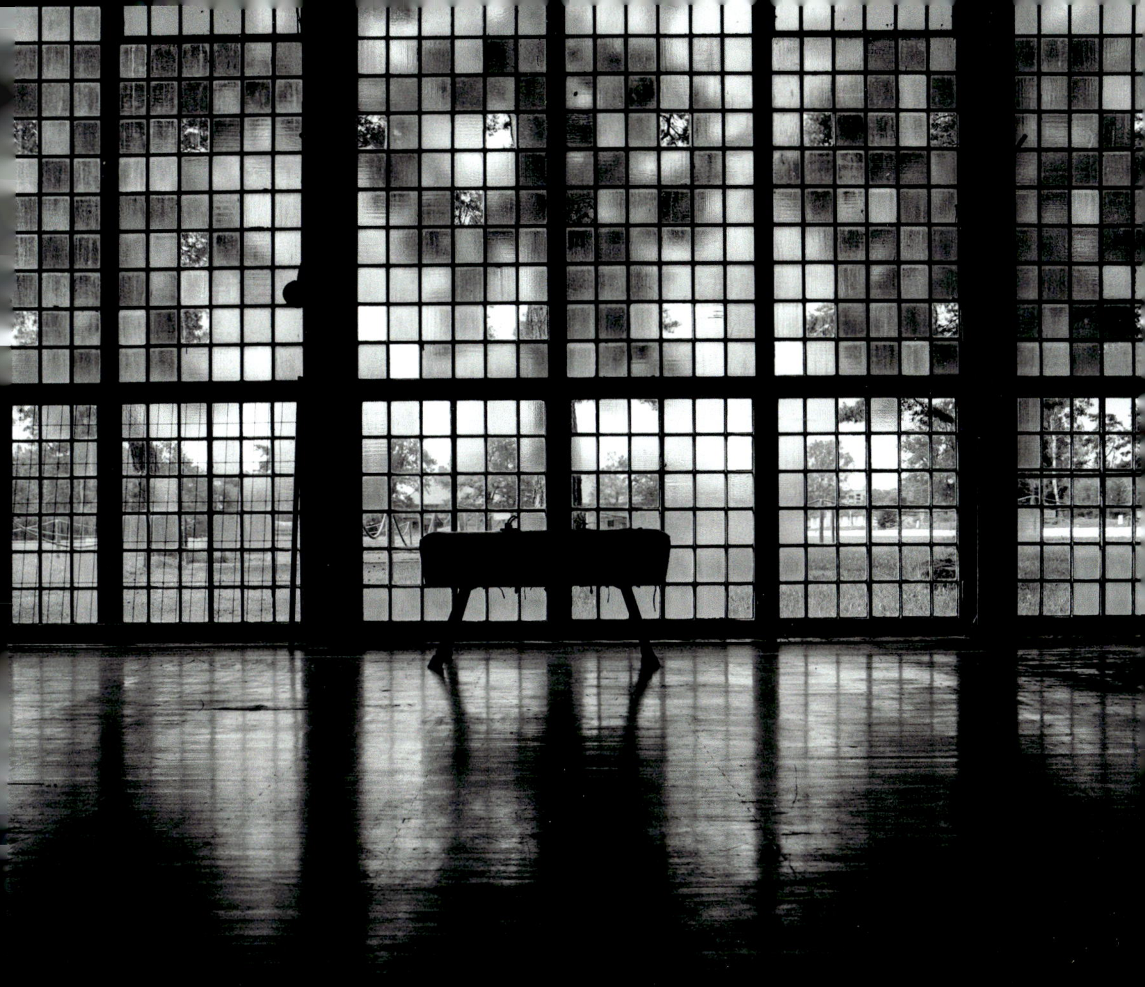

Abb. 7–16 *Der eigentliche Hingucker in diesem Bild – neben dem nur in der Silhouette zu sehenden Seitpferd – sind die Pixelbäume, die sich aus dem Zusammenspiel des Außenlichts und der Glasbausteine ergeben. Dass im Vordergrund wenig Zeichnung im Fußboden der alten Sporthalle zu sehen ist, lenkt den Fokus eher auf die wichtigen Bildteile, als zu stören.*

In der Bildgestaltung und bei der Aufnahme

Natürlich könnten Sie alle in einer Belichtungsreihe entstandenen Aufnahmen zu einem HDR-Bild kombinieren und dem Betrachter jedes feinste Detail im Bild präsentieren. Aber überlegen Sie sich, ob das wirklich Ihre Bildaussage unterstützt. Ob das Bild durch diesen technischen Kniff tatsächlich besser oder gar interessanter wird? Ich würde das bezweifeln.

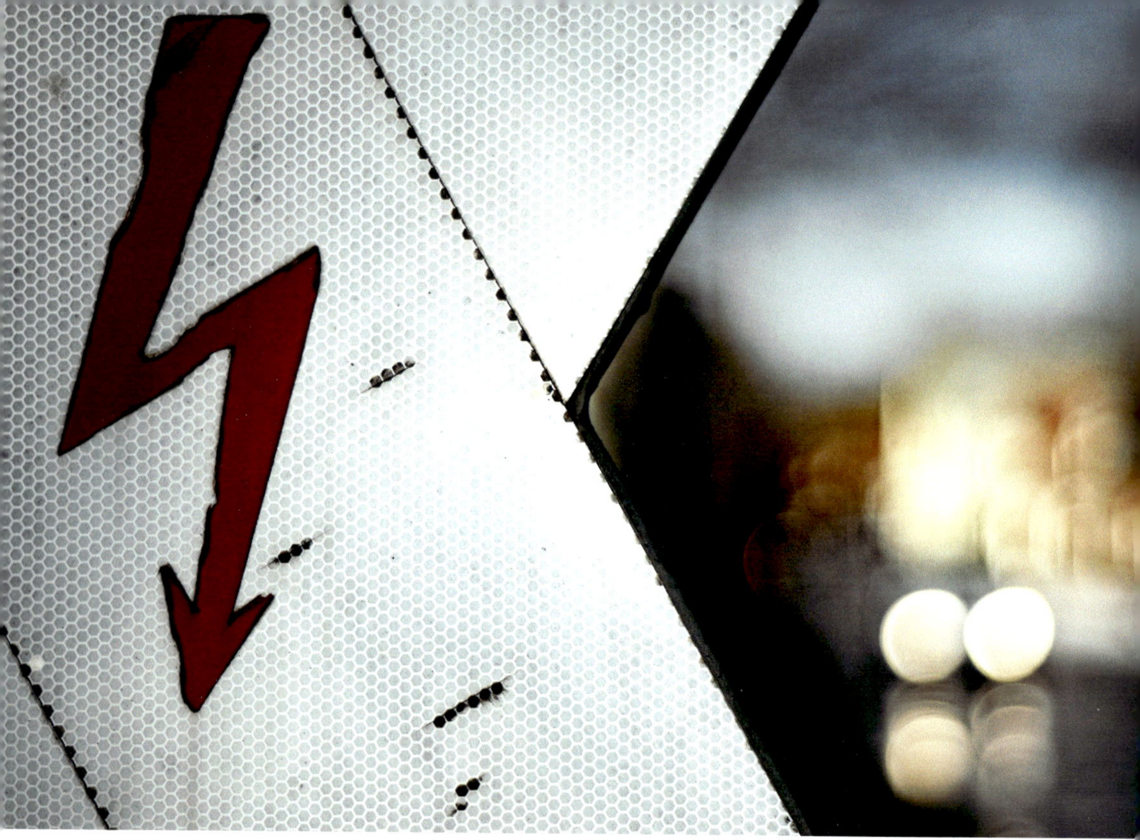

Abb. 7–17 *Dieses Bild entstand kurz nach einem gewittrigen Regenguss. Der Himmel war noch immer dramatisch dunkel, die Straße noch nass. Obwohl sowohl Himmel als auch Straße nur in der Unschärfe liegen, tragen das Schlechtwetter-Licht und die Spiegelungen der Scheinwerfer auf der Straße maßgeblich zum Motiv bei. Die Farben leuchten und ohne den unscharfen Hintergrund fehlte dem Bild ein wichtiger Motivbestandteil.*

Was ist eigentlich die richtige Belichtungszeit?

Nach den letzten Absätzen könnte man sagen: Die richtige Belichtungszeit ist die, die das bildwichtige Element korrekt belichtet. Doch, was genau bedeutet korrekt? Eigentlich ist korrekt das, was Ihre Bildaussage unterstreicht oder eine Atmosphäre im Bild schafft, die Sie als spannend oder reizvoll empfinden. Auch, wenn Puristen dabei mit den Zähnen knirschen: Spielen Sie gelegentlich mit dem Gedanken, Bilder auch einmal gezielt unter- bzw. überzubelichten. Geschickt eingesetzt können Sie so Stimmungen verstärken oder eine bestimmte Optik unterstützen. Sie alleine entscheiden, was Ihre Intention oder Ihre Bildaussage unterstützt.

In der Bildgestaltung und bei der Aufnahme

Und wo wir schon einmal beim Brechen von Regeln sind: Bei langen Belichtungszeiten müssen Sie grundsätzlich still halten, damit das

Bild nicht verwackelt. Oder umgekehrt, wenn die Gefahr von Bewegungs- oder Verwacklungsunschärfe besteht, sollten Sie immer eine kurze Belichtungszeit wählen. Richtig? Nach Lehrbuch schon. Doch wer arbeitet schon immer nach Lehrbuch?

Entscheiden Sie sich für ein bisschen Spaß und experimentieren Sie ganz gezielt mit langen Verschlusszeiten und Bewegungen. Sicherlich wird nicht jeder Versuch gelingen und eine Menge Bilder werden am Ende im Papierkorb Ihres PCs verschwinden – doch vielleicht sind ja auch ein paar gute und ungewöhnliche Aufnahmen dabei.

Lichtsituationen und das »passende Licht«

Nicht immer ist viel Licht auch gutes Licht. Vor allem dann nicht, wenn wir auf eine effektvolle Aufnahme aus sind. Sonnenschein und blauer Himmel machen Landschaftsfotografie zwar einfach, aber mitunter auch langweilig. Hier erzielen Sie am frühen Morgen oder in den Abendstunden die besseren Ergebnisse.

Bedeckter Himmel ist bei vielen Fotografen unbeliebt, obwohl er ein tolles Licht für Porträt- oder Detailaufnahmen bietet. Die Wolken am Himmel arbeiten wie ein gigantischer Diffusor und sorgen für eine äußerst gleichmäßige Lichtverteilung.

In der Bildgestaltung und bei der Aufnahme

Bei Regenwetter jagt man keinen Hund vor die Tür, meinen Sie? Ich sehe das auch so – und dennoch habe ich bei Regen einige Aufnahmen gemacht, die mir bei schönem Wetter eher nicht gelungen wären. Regennasse Straßen bieten wunderbare Möglichkeiten für Lichtspiegelungen und lassen Farben erstrahlen. Kurz vor einem Regenguss dekorieren oft dramatische Wolken den Himmel und geben einen eindrucksvollen Hintergrund ab.

Auch bei Licht gilt: Jenseits Ihrer Komfortzone – z. B. wenn nur wenig Licht zur Verfügung steht oder wenn Sie mit starken Kontrasten kämpfen müssen – passieren die wirklich spannenden Aufnahmen. Die Chancen für attraktive Bilder steigen, genau wie die Gefahr, auch einmal fehlzubelichten. Doch was haben Sie zu verlieren? Nichts. Durch Experimente erweitern Sie Ihren kreativen Werkzeugkasten und sammeln Erfahrung im Umgang mit verschiedenen Lichtsituationen. Fotografieren Sie in der Dämmerung, versuchen Sie sich an Nachtaufnahmen und schrecken Sie nicht vor schlecht ausgeleuchteten Räumen zurück. Natürlich werden Aufnahmen danebengehen, doch früher oder später wird Ihre Experimentierfreude mit guten Ergebnissen belohnt.

Nachwort

Und was nun?

Wenn Sie dieses Zeilen lesen, haben Sie sich auf den vergangenen Seiten ausführlich über schlechte Angewohnheiten, Fallstricke und mögliche Fehltritte informiert. Jetzt fragen Sie sich vielleicht, ob das nun die endgültige Abkehr vom sündigen, aber auch oft süßen fotografischen Leben bedeutet und ob Sie wirklich ein fortan frommes und demütiges Fotografendasein führen wollen?

Ich kann das für mich mit einem klaren Jein beantworten – immer artig allen Regeln zu folgen, stelle ich mir persönlich ziemlich langweilig vor. Ein bisschen zu sündigen macht schließlich auch Spaß. Eigentlich geht es ja hauptsächlich darum, sich zumindest nicht immer der gleichen Sünde hinzugeben.

Eines habe ich bei der Beschäftigung mit den Todsünden festgestellt: sie sind in mehr als einer Hinsicht recht vielseitig. Manchmal weisen sie uns auf Defizite hin, manchmal helfen sie uns aber auch, neue Ideen zu entwickeln und unsere sorgfältig ausgetretenen Pfade zu verlassen. Es gibt jede Menge Möglichkeiten, diese Impulse zu nutzen und sich entweder spielerisch oder systematisch und intensiv in Buße zu üben. Wir müssen es nur tun.

Gute Ideen und Kreativität kommen leider nicht auf Bestellung. Wenn Sie aber der Suche danach Zeit einräumen und auch Zufälle willkommen heißen, werden die Ergebnisse nicht lange auf sich warten lassen. Ich wünsche Ihnen viel Spaß dabei!

Endnoten

1. **Ernst, Heiko:** Die Sieben Todsünden: Heute noch relevant? – Essay für »Aus Politik und Zeitgeschichte« (APUZ 52/2014) /bpb.de: *http://www.bpb.de/apuz/197969/die-sieben-todsuenden-heute-noch-relevant?p=all*
2. **Grün, Anselm:** Todsünde: Hochmut oder Hybris. Webseite der Katholischen Kirche, Erzdiözese Wien. Eintrag vom 14. April 2014: *https://www.erzdioezese-wien.at/7-todsuenden-hochmut-oder-stolz*
3. **Grün, Anselm:** Todsünde: Unkeuschheit, Nebenabsichten in der Liebe. Für die Katholische Kirche, Erzdiözese Wien am 10.04.2014 unter: *https://www.erzdioezese-wien.at/7-todsuenden-unkeuschheit*
4. **Blackburn, Simon:** Wollust. Die schönste Todsünde. Wagenbach Verlag, Berlin 2008.
5. **Orwell, George:** Why I Write. Penguin Books Ltd 2004.
6. **Grün, Anselm:** Todsünde: Zorn, Groll und Bitterkeit. Für die Katholische Kirche, Erzdiözese Wien am 10.04. 2014 unter: *https://www.erzdioezese-wien.at/7-todsuenden-zorn*
7. **Rory's Story Cubes®** ist eine eingetragene Marke der Firma The Creativity Hub Ltd.
8. **Kahnemann, Daniel:** Schnelles Denken, langsames Denken. Siedler Verlag, München 2012, Seite 33
9. **Eckermann, Johann Peter:** Gespräche mit Goethe, Leipzig, Band 1 und 2: 1836, Band 3: 1848, Seite 619
10. **Zurmühle, Martin:** Die Magie der Fotografie oder das Geheimnis herausragender Bilder. Bildanalyse nach dem Vier-Augen-Modell. Vier-Augen-Verlag, Luzern 2010

11. **Prose, Francine:** Völlerei. Die köstlichste Todsünde, Seite 13. Wagenbach Verlag, Berlin 2009

12. **Teresa von Avila:** Wenn fasten, dann fasten, wenn Rebhuhn, dann Rebhuhn. Hrsg. von Elisabeth Münzebrock. Herder 2015

13. **Cole, K.C.:** Seeing Things. In: First You Build a Cloud and other Reflections on Physics as a Way of Life. Orlando: Harcourt Brace, 1999. Seiten 44–68

14. **Epstein, Joseph:** Neid. Die böseste Todsünde. Wagenbach Verlag, Berlin 2010

Literaturhinweise

Bucher, Anton: Geiz, Trägheit, Neid und Co in Therapie und Seelsorge. Psychologie der 7 Todsünden. Springer, Berlin Heidelberg 2012

Bunge, Gabriel: Akedia. Die geistliche Lehre des Evagrios Pontikos vom Überdruß. Der Christliche Osten, Würzburg 1995

Cole, K.C.: Seeing Things. In: First You Build a Cloud and other Reflections on Physics as a Way of Life. Orlando: Harcourt Brace, 1999. Seiten 44–68

Epstein, Joseph: Neid. Die böseste Todsünde. Wagenbach, Berlin 2010

Ernst, Heiko: Die Sieben Todsünden: Heute noch relevant? – Essay für »Aus Politik und Zeitgeschichte« (APUZ 52/2014) /bpb.de: *http://www.bpb.de/apuz/197969/die-sieben-todsuenden-heute-noch-relevant?p=all*

Gombrich, Ernst H.: Kunst & Illusion: Zur Psychologie der bildlichen Darstellung. Phaidon, Berlin 2002

Grün, Pater Anselm: Todsünde: Geiz und Enge. Für die Katholische Kirche, Erzdiözese Wien am 10.04.2014
unter: *https://www.erzdioezese-wien.at/7-todsuenden-geiz*

Grün, Pater Anselm: Todsünde: Hochmut oder Hybris. Für die Katholische Kirche, Erzdiözese Wien am 10.04.2014
unter: *https://www.erzdioezese-wien.at/7-todsuenden-hochmut-oder-stolz*

Grün, Pater Anselm: Todsünde: Neid oder Eifersucht. Für die Katholische Kirche, Erzdiözese Wien am 10.04.2014
unter: *https://www.erzdioezese-wien.at/7-todsuenden-neid-oder-eifersucht*

Grün, Pater Anselm: Todsünde: Unkeuschheit oder Nebenabsichten in der Liebe. Für die Katholische Kirche, Erzdiözese Wien am 10.04.2014
unter: *https://www.erzdioezese-wien.at/7-todsuenden-unkeuschheit*

Grün, Pater Anselm: Todsünde: Unmässigkeit und Gier. Für die Katholische Kirche, Erzdiözese Wien am 10.04.2014 unter: *https://www.erzdioezese-wien.at/7-todsuenden-gier*

Grün, Pater Anselm: Todsünde: Zorn, Groll und Bitterkeit. Für die Katholische Kirche, Erzdiözese Wien am 10.04.2014 unter: *https://www.erzdioezese-wien.at/7-todsuenden-zorn*

Grün, Pater Anselm: Todsünde: Trägheit oder Akedia. Für die Katholische Kirche, Erzdiözese Wien am 10.04.2014 unter: *https://www.erzdioezese-wien.at/7-todsuenden-traegheit*

Kahnemann, Daniel: Schnelles Denken, langsames Denken. Siedler Verlag, München 2012

Orwell, George: Why I Write. Penguin Books Ltd 2004.

Prose, Francine: Völlerei. Die köstlichste Todsünde, S.13. Wagenbach, Berlin 2009

Rory's Story Cubes. The Creativity Hub. *www.thecreativityhub.com*

Schulz von Thun, Friedemann: Miteinander Reden 1. Störungen und Klärungen. Allgemeine Psychologie der Kommunikation. 48. Auflage. Rowohlt, Reinbek bei Hamburg 2010

Senninger, Tom: Abenteuer leiten – in Abenteuern lernen. 6. Auflage. Ökotopia, Münster 2012

Teresa von Avila: Wenn fasten, dann fasten; Wenn Rebhuhn, dann Rebhuhn. Hrsg. von Elisabeth Münzebrock. Herder 2015

Pater Zoche: Die sieben Todsünden unserer Zeit. Econ, Berlin 2008

Zurmühle, Martin: Die Magie der Fotografie oder das Geheimnis herausragender Bilder. Bildanalyse nach dem Vier-Augen-Modell. Vier-Augen-Verlag, Luzern 2010

Index